SKILLS

360

Band I

Beherrschen Sie die wesentlichen Fähigkeiten für ein erfolgreiches Leben und eine erfolgreiche Karriere

Paulo Ehms

MMXXIII

Copyright Notice © 2023 Paulo Ehms

Alle Rechte vorbehalten. Kein Teil dieses Buches darf in irgendeiner Form oder auf irgendeine Weise reproduziert, gespeichert oder übertragen werden, sei es elektronisch oder mechanisch, einschließlich Fotokopie, Aufnahme oder durch jedes Informationsspeicher- und -abrufsystem, ohne schriftliche Genehmigung des Urheberrechtsinhabers, außer bei kurzen Zitaten in kritischen Rezensionen und anderen gemäß dem Urheberrechtsgesetz zulässigen Verwendungen.

Für Anfragen zur Genehmigung und Feedback kontaktieren Sie bitte: ehmsbooks@yahoo.com

Inhaltsverzeichnis

Erweckung des Potenzials 9
Teil 1 11
    Grundlegende Fähigkeiten fürs Leben 11
Aktives Zuhören 14
    Die Kunst, sich tiefgehend zu verbinden 14
Nonverbale Kommunikation 17
    Die stille Sprache, die viel ausdrückt. 17
Konstruktives Feedback 20
    Wachstum fördern 20
Effektive Kommunikation 23
Emotionale Intelligenz 25
    Entwicklung von Fähigkeiten zur Bewältigung von Herausforderungen 25
Selbstkenntnis 28
    Die innere Reise zur emotionalen Intelligenz 28
Selbstkontrolle 31
    Meisterhaft die Gezeiten der Emotionen Navigieren 31
Tiefe Empathie 34
    Die Kunst, über Worte hinaus zu Verstehen 34
Soziale Fähigkeiten 37
    Das Gewebe, das Bedeutungsvolle Beziehungen Webt..37
Meditation und Achtsamkeit 40
    Die Innere Reise zur Mentalen Ruhe 40
Entwicklung der Resilienz 43
    Sich vor Herausforderungen Stärken 43

Lernen aus Kritik 46
Herausforderungen in Wachstumschancen verwandeln 46
Emotionale Intelligenz 49
Mit Meisterschaft durch die Gewässer des Lebens navigieren 49
Problemlösung 51
Herausforderungen mit kritischem Denken begegnen ... 51
Anerkennung der Komplexität 54
Bei der Akzeptanz von Herausforderungen 54
Anpassung an ständige Veränderung 57
Navigieren durch die Gezeiten der Transformation 57
Tiefgehende Analyse 60
Das Entschlüsseln der Schichten von Herausforderungen 60
Informierte Entscheidungsfindung 64
Navigieren an den Kreuzungen mit Klarheit und Weisheit 64
Klare Definition des Problems 68
Das Fundament der Effektiven Lösung 68
Aufteilung in Komponenten 72
Die Komplexität in Handhabbare Teile Zerlegen 72
Akzeptanz der Unsicherheit 76
Durch die Turbulenzen der Unsicherheit mit Resilienz Navigieren 76
Kontinuierliches Lernen 79
Die Endlose Reise zur Exzellenz 79
Sich Erheben mit Grundlegenden Lebenskompetenzen 83

Teil II 85
Berufliche Fähigkeiten 85
   Das Potenzial der beruflichen Fähigkeiten Entschlüsseln 85
Soft Skills am Arbeitsplatz 87
   Die Kunst der zwischenmenschlichen Fähigkeiten in der Karriere 87
Effektive Kommunikation 90
   Die Kraft der Klarheit und Verbindung im Arbeitsumfeld 90
Teamarbeit 93
   Die Symphonie der produktiven Zusammenarbeit im beruflichen Umfeld 93
Konfliktlösung 96
   Herausforderungen in Wachstumschancen verwandeln 96
Emotionale Intelligenz 99
   Durch die Gezeiten der Emotionen zum beruflichen Erfolg navigieren 99
Anpassungsfähigkeit 102
   Durch die Wellen des Wandels mit beruflicher Resilienz navigieren 102
Einflussreiche Führung 105
   Den Weg zum kollektiven Erfolg ebnen 105
Das Navigieren durch die Strömungen der Karriere mit Soft Skills 108
Relevante Hard Skills 110
   Die präzise Ingenieurskunst zum Aufbau des Berufswegs 110

Technische Spezialisierung 113

    Die Meisterschaft, die den außergewöhnlichen Fachmann definiert 113

    Fähigkeiten in Werkzeugen und Technologien 116

    Die Begleitung eines sich ständig weiterentwickelnden Universums 116

Analytische Fähigkeiten und Problemlösungskompetenz 119

    Herausforderungen mit Scharfsinn entschlüsseln 119

Programmier- und Softwareentwicklungsfähigkeiten 122

    Die Zukunft mit technischer Exzellenz codieren 122

Projektmanagement 125

    Meisterhaft durch die Gewässer effizienter Ausführung navigieren 125

Spezialwissen in Compliance und Vorschriften 128

    Präzise den Wegen der Rechtskonformität folgen 128

Fähigkeiten im Design und in der Kreativität 131

    Innovative Lösungen in der Schmiede der Vorstellungskraft gestalten 131

    Erschließung des Gebiets der relevanten Hard Skills 134

Zeitmanagement und Produktivität 136

Das Potenzial der Zeit mit effektiven Strategien freisetzen 136

Intelligente Priorisierung 139

    Effizienz Kultivieren 139

Pomodoro-Techniken und Konzentrationsfokus 142

    Die Symphonie der Produktiven Zeit 142

Aufgabenmanagement und To-Do-Listen 145

Das Chaos in eine Symphonie der Produktivität verwandeln 145

Effektive Delegation 148

Die Kraft zur Vermehrung von Anstrengungen und Potenzial 148

Klare Zielsetzung 151

Der Fahrplan zum Erfolg 151

Kontinuierliches Lernen und Persönliche Weiterentwicklung 154

Der Unendliche Zyklus des Wachstums 154

Pausen und Erholungsintervalle 157

Die Kunst, Energie zu Erneuern 157

Strategischer Einsatz von Technologie 160

Navigation im Meer der Innovation 160

Meisterhaft durch die Gewässer der Produktivität navigieren 163

Teil III 165

Praktische Anwendungen 165

Fallstudie 1 168

Die visionäre Unternehmerin Debbi Fields - Cookies und technologische Innovation 168

Fallstudie 2 170

Die Reise von Mark Zuckerberg - Innovator in der digitalen Ära 170

Fallstudie 3 172

Die Reise von Amazon - Innovation im E-Commerce 172

Interaktive Übungen 174

Die gelernten Lektionen in die Praxis umsetzen 174

Jenseits des Buches 179
    Die Fähigkeiten im Alltag umsetzen 179
Abschluss 182
    SKILLS 360 - Band I 182
Anhang 184
    Zusätzliche Ressourcen, Lesetipps und Praktische Werkzeuge 184

Erweckung des Potenzials

Willkommen zu "SKILLS 360 BAND I: Beherrsche die wesentlichen Fähigkeiten für ein erfolgreiches Leben und eine erfolgreiche Karriere" – eine einzigartige Reise zu Ihrem höchsten Potenzial. Dies ist nicht nur ein Buch; es ist eine Einladung, die Türen zu Ihrer wahren Kraft zu öffnen und eine Erfolgsgeschichte zu gestalten, die konventionelle Grenzen überschreitet.

Sie sind dabei, in ein dynamisches Kompendium von Wissen einzutauchen, bei dem jede Seite eine Einladung ist, Ihre Fähigkeiten in alle Richtungen zu erweitern. Stellen Sie sich dieses Buch als einen unfehlbaren Leitfaden vor, um durch die herausfordernden Gewässer des Lebens zu navigieren und Sie mit den notwendigen Werkzeugen auszustatten, um in jeder Situation zu gedeihen.

Im Herzen von "SKILLS 360" steht der unerschrockene Glaube, dass wahre Meisterschaft nicht auf einen einzigen Bereich beschränkt ist, sondern alle Aspekte des Lebens umfasst. Von Soft Skills, die Ihren persönlichen Einfluss erweitern, bis hin zu Hard Skills, die Ihren beruflichen Weg formen, ist jedes Kapitel ein wesentliches Puzzleteil, das das vollständige Bild des Erfolgs formt.

Auf diesen Seiten werden Sie nicht nur konventionelle Ratschläge finden, sondern einen mutigen und innovativen Ansatz für die wesentlichen Fähigkeiten. Schließlich ist die Suche nach Meisterschaft keine gerade Linie; es ist ein Labyrinth von Entdeckungen, Herausforderungen und Triumphen. Dieses Buch ist

Ihre Karte, um mit Zuversicht durch dieses Terrain zu navigieren, neue Territorien zu erkunden und Fähigkeiten freizuschalten, von denen Sie vielleicht nicht einmal wussten, dass Sie sie besitzen.

Teil 1

Grundlegende Fähigkeiten fürs Leben

Effektive Kommunikation: Die Kunst der Klarheit und Durchsetzungsvermögen

Kommunikation ist das Rückgrat menschlicher Beziehungen und das Fundament für den Erfolg in allen Lebensbereichen. In diesem Kapitel werden wir in die tiefen Gewässer der effektiven Kommunikation eintauchen und die Geheimnisse der Klarheit und Durchsetzungsvermögen enthüllen, die einfache Worte in mächtige Brücken zwischen Köpfen verwandeln.

Das Fundament der Kommunikation

Stellen Sie sich Kommunikation wie den Bau eines soliden Gebäudes vor, bei dem jedes Wort ein Ziegelstein und jede Ausdrucksweise der Mörtel ist, der diese Elemente verbindet. Die Grundlage dieser Struktur ist Klarheit – die Fähigkeit, Ihre Ideen verständlich zu vermitteln, Missverständnisse zu vermeiden und die Verbindung zu anderen zu stärken.

Die Kraft der Durchsetzungsvermögen

Aber Kommunikation geht nicht nur darum, verstanden zu werden; es geht darum, sich authentisch und bestimmt auszudrücken. Durchsetzungsvermögen, oft unterschätzt, ist das Werkzeug, das Ihren Worten Kraft verleiht. Es ermöglicht Ihnen, Ihre Meinungen respektvoll zu verteidigen, gesunde Grenzen zu setzen und Beziehungen auf Transparenz aufzubauen.

Techniken für klare und durchsetzungsfähige Kommunikation:

Aktives Zuhören

• Echte Kommunikation ist eine zweispurige Straße. Lernen Sie, nicht nur die Worte, sondern auch die zugrunde liegenden Emotionen zu hören, um einen tiefergehenden und bedeutungsvollen Dialog zu schaffen.

Nonverbale Kommunikation

• Ihre Gesten, Ihre Haltung und Ihre Gesichtsausdrücke sprechen Bände. Entdecken Sie, wie Sie Ihre verbale Kommunikation mit Ihren nonverbalen Signalen in Einklang bringen können, um eine kohärente Botschaft zu vermitteln.

Konstruktives Feedback

• Entwickeln Sie die Kunst, Feedback konstruktiv zu geben, um gegenseitiges Wachstum zu fördern und zwischenmenschliche Beziehungen zu stärken.

Anwendung im Alltag

Effektive Kommunikation ist keine abstrakte Theorie; sie ist eine praktische Fähigkeit, die Ihre tägliche Erfahrung prägt. Dieses Kapitel erkundet nicht nur die grundlegenden Prinzipien, sondern bietet auch praktische Übungen, um diese Fähigkeiten in Ihren Alltag zu integrieren.

Am Ende dieses Themas werden Sie nicht nur die Bedeutung klarer und durchsetzungsfähiger Kommunikation verstehen, sondern auch mit den notwendigen Werkzeugen ausgestattet sein, um Ihre

Interaktionen zu transformieren, solide Beziehungen aufzubauen und selbstbewusst durch die Herausforderungen des Lebens zu navigieren. Machen Sie sich bereit, ein Meister der Kunst der effektiven Kommunikation zu werden.

Aktives Zuhören

Die Kunst, sich tiefgehend zu verbinden

Aktives Zuhören ist eine transformative Fähigkeit, die über das bloße Hören hinausgeht. Es ist ein tiefes Eintauchen in Worte, unausgesprochene Emotionen und vor allem eine authentische Verbindung zum Gesprächspartner. In diesem Abschnitt werden wir die Geheimnisse des aktiven Zuhörens enthüllen und wie es zu einer soliden Grundlage für wirklich bedeutungsvolle Kommunikation wird.

Die Tiefe jenseits der Worte

Aktives Zuhören geht über das bloße Hören von Worten hinaus. Es umfasst die Schaffung eines mentalen Raums, in dem Sie nicht nur die gesagten Worte wahrnehmen, sondern auch die zugrunde liegenden Emotionen, unausgesprochenen Nuancen und das, was zwischen den Zeilen steht, die der Kommunikation Farbe verleihen.

Schlüssel-Elemente des aktiven Zuhörens:

Vollständige Präsenz

- Befreien Sie sich von mentalen Ablenkungen und seien Sie voll und ganz im Moment präsent. Dies stärkt nicht nur das Verständnis, sondern vermittelt auch echten Respekt.

Reflexives Feedback

- Reagieren Sie reflexiv und bestätigen Sie, was gesagt wurde. Dies validiert nicht nur die andere Person, sondern stellt auch sicher, dass Sie richtig verstanden haben.

Tiefe Empathie

- Versetzen Sie sich in die Lage des anderen, fühlen Sie, was sie fühlen, und zeigen Sie, dass Sie ihre Erfahrung verstehen. Empathie ist der Kitt, der Beziehungen zusammenhält.

Techniken zur Verbesserung des aktiven Zuhörens:

Empathische Paraphrasierung

- Wiederholen Sie die Worte des Gesprächspartners respektvoll und einfühlsam, um zu zeigen, dass Sie sich mit seiner Perspektive auseinandersetzen.

Offene Fragen

- Ermutigen Sie zu tiefergehenden Äußerungen, indem Sie Fragen stellen, die nicht einfach mit „ja" oder „nein" beantwortet werden können. Dies öffnet Raum für reichhaltigere Erzählungen.

Praktische Anwendungen

Die wahre Magie des aktiven Zuhörens liegt in seiner praktischen Anwendung. Dieses Kapitel erkundet nicht nur die Theorien hinter dieser Fähigkeit, sondern bietet auch praktische Übungen, um Ihre Fähigkeit zum aktiven Zuhören in alltäglichen Situationen zu stärken.

Indem Sie aktives Zuhören in Ihr Leben integrieren, werden Sie nicht nur ein effektiverer Kommunikator, sondern bauen auch solidere Beziehungen auf, die auf gegenseitigem Verständnis basieren. Dies ist die Einladung, ein wahrer Meister des aktiven Zuhörens zu werden und jedes Gespräch in eine Gelegenheit zur authentischen Verbindung und persönlichen Bereicherung zu verwandeln. Machen Sie sich bereit, in die tiefen Gewässer bedeutungsvoller Kommunikation einzutauchen.

Nonverbale Kommunikation

Die stille Sprache, die viel ausdrückt.

Nonverbale Kommunikation ist ein subtiler Tanz, der ständig stattfindet und die Art und Weise beeinflusst, wie wir wahrgenommen und verstanden werden. Dieses Thema enthüllt die faszinierende Welt der Körpersprache, Gesichtsausdrücke und Gesten, die die stille Erzählung hinter jeder Interaktion ausmachen. Durch das Verständnis und die Verbesserung der nonverbalen Kommunikation werden Sie in der Lage sein, eindrucksvollere Nachrichten zu übermitteln und authentische Verbindungen aufzubauen.

Die Säulen der nonverbalen Kommunikation

Gesichtsausdrücke

- Ihre Augen, Ihr Mund und Ihre Gesichtsausdrücke offenbaren Emotionen, die Worte oft nicht ausdrücken können. Zu lernen, diese Ausdrücke zu interpretieren und zu kontrollieren, ist grundlegend für authentische Kommunikation.

Körperhaltung
- Die Art, wie Sie sich positionieren, sagt viel über Ihr Vertrauen, Ihr Interesse und Ihr Komfortniveau aus. Eine aufrechte Haltung vermittelt Vertrauen, während eine entspannte Haltung Offenheit signalisiert.

Gesten und Bewegungen

- Ihre Hände und Gesten sind mächtige Kommunikationswerkzeuge. Angemessene Gesten können Ihre Worte unterstreichen, während widersprüchliche Gesten Verwirrung stiften können.

Synchronisierung und Anpassung

Synchronisierung mit dem Gesprächspartner

• Die Fähigkeit, Ihre Körpersprache mit der des Gesprächspartners in Einklang zu bringen, schafft ein Gefühl von Harmonie und Verbindung. Dies sendet eine unbewusste Botschaft von Verständnis und Akzeptanz.

Anpassung an den Kontext

• Die richtige Interpretation nonverbaler Kommunikation erfordert Sensibilität für den Kontext. Der gleiche Gesichtsausdruck kann in verschiedenen Situationen unterschiedliche Bedeutungen haben.

Techniken zur Verbesserung der nonverbalen Kommunikation
Moderat spiegeln

• Subtiles Spiegeln der Gesten des Gesprächspartners kann ein Gefühl von Nähe und gegenseitigem Verständnis erzeugen.

Bewusste Kontrolle

• Das bewusste Kontrollieren Ihrer Körpersprache ermöglicht es Ihnen, die gewünschte Botschaft in unterschiedlichen Situationen gezielt zu vermitteln.

Praktische Anwendungen

Dieses Thema erkundet nicht nur die theoretischen Elemente der nonverbalen Kommunikation, sondern bietet auch praktische Übungen, um Ihre Fähigkeit zu verbessern, diese stille Sprache effektiv in Ihrem Alltag zu nutzen.

Indem Sie die nonverbale Kommunikation meistern, werden Sie ein vollständigerer Kommunikator, der Vertrauen, Empathie und Authentizität übermitteln kann. Dies ist Ihre Einladung, in die faszinierende Welt der Körpersprache einzutauchen und die stillen Geheimnisse der Kommunikation zu enthüllen. Machen Sie sich bereit, Ihre Fähigkeit zu verfeinern, Geschichten ohne Worte zu erzählen.

Konstruktives Feedback

Wachstum fördern

Konstruktives Feedback ist ein mächtiges Werkzeug auf dem Weg zur Selbsttransformation und gegenseitiger Entwicklung. Dieses Thema untersucht nicht nur die lebenswichtige Bedeutung des Feedbacks, sondern auch die Nuancen, die es von einer einfachen Kommunikation zu einer Brücke für persönliches und berufliches Wachstum machen.

Der Zweck des konstruktiven Feedbacks

Persönliches Wachstum

- Konstruktives Feedback ist eine Brücke zur Selbstentwicklung. Durch das Erhalten von Einsichten über Ihre Handlungen haben Sie die Möglichkeit, Ihre Fähigkeiten anzupassen und zu verbessern.

Stärkung der Beziehungen

- Im Kontext zwischenmenschlicher Beziehungen schafft konstruktives Feedback eine Umgebung von Vertrauen und offener Kommunikation. Es stärkt die Bindungen und baut solidere Partnerschaften auf.

Schlüssel-Elemente des konstruktiven Feedbacks

Spezifizität

- Effektives Feedback ist spezifisch und greifbar. Statt Verallgemeinerungen geben Sie klare Beispiele, damit die Person genau versteht, was verbessert werden kann.

Gleichgewicht Positives-Negatives

• Konstruktives Feedback beschränkt sich nicht auf das Aufzeigen von Mängeln; es erkennt auch Stärken an. Finden Sie ein Gleichgewicht, indem Sie hervorheben, was gut gemacht wird und Verbesserungsvorschläge machen.

Verbesserungsmöglichkeiten

• Statt sich auf den Fehler zu konzentrieren, fokussieren Sie sich auf Verbesserungsmöglichkeiten. Konstruktives Feedback sollte ein Werkzeug für Wachstum sein, nicht eine destruktive Kritik.

Techniken zur Bereitstellung von konstruktivem Feedback:

Konstruktiver Ansatz

• Starten Sie das Gespräch positiv, indem Sie die Beiträge hervorheben, bevor Sie auf die Verbesserungsbereiche eingehen.

Fokus auf Verhalten, nicht auf die Person

• Richten Sie das Feedback auf spezifische Handlungen und Verhaltensweisen, und vermeiden Sie persönliche Kritik.

Feedback annehmen und anwenden

Offenheit für Empfang

- Seien Sie offen und empfänglich für Feedback. Betrachten Sie es als eine Gelegenheit zum Lernen und Wachsen.

Aktionsplan

- Entwickeln Sie einen praktischen Plan zur Umsetzung der Feedback-Vorschläge. Aktion ist der Schlüssel zur echten Transformation.

Praktische Anwendungen

Dieses Thema erkundet die Theorien hinter konstruktivem Feedback und bietet praktische Anleitungen, wie man Feedback effektiv geben und empfangen kann. Durch die Integration dieser Praktiken in Ihr Leben tragen Sie nicht nur zum Wachstum anderer bei, sondern öffnen auch Türen für Ihre eigene kontinuierliche Entwicklung. Seien Sie bereit, Gespräche in Gelegenheiten für Wachstum und gegenseitige Verbesserung zu verwandeln.

Effektive Kommunikation

Beim Abschluss unserer Erkundung der Kunst der effektiven Kommunikation taucht ein tiefes Verständnis für die lebenswichtige Bedeutung von Klarheit und Durchsetzungsvermögen auf. Diese sind nicht nur kommunikative Fähigkeiten; sie sind Werkzeuge, die die Essenz unserer Interaktionen, Verbindungen und Gestaltung unserer Welt prägen.

Die transformierende Kraft der Klarheit

Klarheit in der Kommunikation ist wie das Licht, das die Schatten des Missverständnisses vertreibt. Indem Sie Ihre Ideen klar und verständlich artikulieren, übermitteln Sie nicht nur Ihre Botschaften, sondern bauen Brücken des Verständnisses. Klarheit ist der Kompass, der andere durch das Labyrinth Ihrer Ideen führt und zu einer tiefergehenden und authentischen Verbindung führt.

Durchsetzungsvermögen: Die authentische Ausdrucksweise

Durchsetzungsvermögen ist seinerseits nicht nur das Gehör verschaffen, sondern sich authentisch auszudrücken. Durch die Entwicklung dieser Fähigkeit setzen Sie gesunde Grenzen, vertreten Ihre Meinungen respektvoll und tragen zu einem ehrlichen Dialog bei. Durchsetzungsvermögen ist die Stimme, die Ihre inneren Wahrheiten in die äußere Welt trägt und einen fruchtbaren Boden für authentische Beziehungen schafft.

Die Reise geht weiter

Dieses Thema war mehr als eine theoretische Erkundung; es war eine Einladung zu einer praktischen Reise. Durch das Verständnis der Bedeutung effektiver Kommunikation gewinnen Sie nicht nur Einsichten, sondern auch greifbare Werkzeuge zur Verbesserung Ihrer Kommunikationsfähigkeiten.

Herausforderung für den Leser

Während wir dieses Kapitel abschließen, lade ich Sie ein, Klarheit und Durchsetzungsvermögen bewusst in Ihren täglichen Interaktionen anzuwenden. Beobachten Sie sowohl im persönlichen als auch im beruflichen Bereich, wie Präzision in den Worten und Authentizität in den Ausdrücken Ihre Verbindungen verwandeln.

Vorbereitung auf die nächsten Themen

In den folgenden Themen werden wir weiterhin andere wesentliche Dimensionen der Fähigkeiten erkunden, die alle zum Aufbau einer soliden Grundlage für ein erfülltes Leben und eine erfolgreiche Karriere beitragen.

Dies ist ein interaktiver Leitfaden zur Transformation. Indem Sie die Kunst der effektiven Kommunikation meistern, sind Sie gerüstet, neue Horizonte zu erkunden, solide Beziehungen aufzubauen und eine erfolgreiche Zukunft zu gestalten. Machen Sie sich bereit, diese Fähigkeiten anzuwenden und Ihr Leben auf Weisen zu transformieren, die Sie sich nicht einmal vorstellen können. Die Reise hat gerade erst begonnen.

Emotionale Intelligenz

Entwicklung von Fähigkeiten zur Bewältigung von Herausforderungen

Emotionale Intelligenz ist das Leuchtfeuer, das unsere Reise durch die Komplexität menschlicher Emotionen lenkt. Dieses Thema taucht tief in die Welt der emotionalen Intelligenz ein und enthüllt nicht nur ihre Bedeutung, sondern auch praktische Strategien zur Entwicklung wesentlicher emotionaler Fähigkeiten. Durch das Verständnis und die Kultivierung emotionaler Intelligenz sind Sie nicht nur bereit, Herausforderungen zu meistern, sondern auch, jedes Hindernis in eine Gelegenheit für persönliches Wachstum zu verwandeln.

Die Grundlage der emotionalen Intelligenz:

Selbstkenntnis

• Die Reise beginnt bei Ihnen selbst. Ein tieferes Verständnis Ihrer eigenen Emotionen ist der erste Schritt zur Entwicklung emotionaler Intelligenz. Das Erkennen und Benennen Ihrer Emotionen schafft eine solide Grundlage.

Selbstkontrolle

• Die Fähigkeit, Ihre eigenen Emotionen zu regulieren, ist ein wesentlicher Bestandteil emotionaler Intelligenz. Das bedeutet nicht, Emotionen zu unterdrücken, sondern sie konstruktiv zu lenken.

Empathie und bedeutungsvolle Beziehungen:

Tiefe Empathie

• Sich in die Lage anderer zu versetzen, ist das Herzstück der Empathie. Die Fähigkeit, die Emotionen anderer zu verstehen, schafft bedeutungsvolle Verbindungen und stärkt Beziehungen.

Soziale Fähigkeiten

• Emotionale Intelligenz erstreckt sich auf die Art und Weise, wie wir mit anderen interagieren. Die Verbesserung sozialer Fähigkeiten, wie effektive Kommunikation und Konfliktlösung, ist unerlässlich.

Strategien zur Entwicklung emotionaler Intelligenz

Meditation und Achtsamkeit

• Regelmäßige Praxis von Meditation und Achtsamkeit hilft, emotionale Bewusstheit zu kultivieren, sodass Sie Ihre Emotionen ohne Urteil beobachten und verstehen können.

Entwicklung von Resilienz

• Die Bewältigung unvermeidlicher Herausforderungen gehört zum Leben dazu. Die Entwicklung emotionaler Resilienz ermöglicht es Ihnen, sich schnell zu erholen und aus schwierigen Erfahrungen zu lernen.

Lernen aus Kritik

• Statt defensiv auf Kritik zu reagieren, betrachten Sie sie als Gelegenheit zum Wachstum. Dies erfordert

Offenheit zur Selbstbewertung und die Bereitschaft zur Verbesserung.

Praktische Anwendungen und Übungen

Dieses Thema erkundet nicht nur die theoretischen Prinzipien der emotionalen Intelligenz, sondern bietet auch praktische Übungen zur Integration dieser Fähigkeiten in Ihr tägliches Leben. Am Ende werden Sie nicht nur die Bedeutung emotionaler Intelligenz verstehen, sondern auch mit praktischen Werkzeugen ausgestattet sein, um diese Fähigkeiten in Ihrem Alltag zu kultivieren und anzuwenden.

Machen Sie sich bereit für eine Reise der Selbstentdeckung und emotionalen Entwicklung. Durch die Entwicklung emotionaler Intelligenz werden Sie nicht nur Herausforderungen bewältigen, sondern auch eine solide Grundlage für ein reichhaltigeres und bedeutungsvolleres Leben schaffen. Dies ist Ihre Einladung, tief in Ihre Emotionen einzutauchen und stärker als je zuvor hervorzugehen.

Selbstkenntnis

Die innere Reise zur emotionalen Intelligenz

Selbstkenntnis ist der Anker, der uns mit dem Kern dessen verbindet, wer wir sind, mit den Komplexitäten unserer Emotionen und den Nuancen unserer Identität. Dieses Thema untersucht nicht nur die grundlegende Bedeutung der Selbstkenntnis für den Aufbau emotionaler Intelligenz, sondern bietet auch praktische Strategien, um diese innere Reise zu beginnen.

Der Samen der Selbstkenntnis

Kontinuierliche Reflexion

- Die Praxis der täglichen Reflexion, bei der Sie sich Zeit nehmen, um Ihre Erfahrungen, Gedanken und Emotionen zu überdenken, ist der Ausgangspunkt. Diese Introspektion ermöglicht es Ihnen, Muster zu erkennen und Ihre emotionalen Reaktionen besser zu verstehen.

Tiefgehende Fragestellungen

- Stellen Sie sich selbst bedeutungsvolle Fragen. Hinterfragen Sie Ihre Motivationen, grundlegenden Werte und Ziele. Selbstbefragung ist ein kraftvolles Werkzeug, um tiefere Schichten Ihrer Identität zu enthüllen.

Die Erkundung von Emotionen

Emotionales Mapping

- Führen Sie ein emotionales Tagebuch, um Ihre täglichen Emotionen zu verfolgen und zu katalogisieren. Diese praktische Übung bietet wertvolle Einblicke in wiederkehrende emotionale Muster.

Akzeptanz ohne Urteil

- Die Entwicklung von Selbstkenntnis erfordert eine mitfühlende Akzeptanz Ihrer eigenen Emotionen. Vermeiden Sie Urteile und erlauben Sie sich, ohne Einschränkungen zu fühlen.

Werkzeuge zur Selbstkenntnis

Persönlichkeitstests

- Erforschen Sie Persönlichkeitstests wie Myers-Briggs oder das Enneagramm, um ein tieferes Verständnis Ihrer Eigenschaften und Präferenzen zu gewinnen.

Externes Feedback

- Suchen Sie konstruktives Feedback von vertrauenswürdigen Freunden, Kollegen oder Mentoren. Manchmal haben andere wertvolle Einblicke, die Aspekte Ihrer Persönlichkeit aufdecken können, die Ihnen vielleicht nicht offensichtlich sind.

Die Tiefe der inneren Reise

Selbstkenntnis ist kein Ziel, sondern eine fortlaufende Reise. Durch die Erkundung Ihrer eigenen Psyche werden Sie sich Ihrer Stärken, Schwächen und inneren Motivationen bewusster. Diese emotionale Klarheit bildet die Grundlage, auf der Sie emotionale Intelligenz aufbauen.

Praktische Anwendungen

Am Ende dieses Themas werden Sie nicht nur die Bedeutung der Selbstkenntnis verstehen, sondern auch über praktische Werkzeuge verfügen, um diese Fähigkeit zu verbessern. Dies ist eine Einladung, Ihre innere Reise mit Neugier und Mut zu umarmen. Durch tiefere Selbstkenntnis öffnen Sie die Türen zu robuster emotionaler Intelligenz, die es Ihnen ermöglicht, Herausforderungen zu bewältigen, andere zu verstehen und authentisch zu leben. Bereiten Sie sich auf eine bedeutungsvolle Reise der Selbstentdeckung vor.

Selbstkontrolle

Meisterhaft die Gezeiten der Emotionen Navigieren

Selbstkontrolle ist die sanfte Brise, die unser emotionales Boot durch die Stürme des Lebens lenkt. In diesem Thema werden wir nicht nur die zentrale Bedeutung der Selbstkontrolle für den Aufbau emotionaler Intelligenz erkunden, sondern auch praktische Strategien zur Entwicklung dieser wesentlichen Fähigkeit, die es Ihnen ermöglicht, auf Emotionen zu reagieren, statt impulsiv zu reagieren.

Selbstkontrolle Verstehen

Bewusstsein des Moments

- Selbstkontrolle beginnt mit der Bewusstheit für den gegenwärtigen Moment. Achten Sie auf Ihre Emotionen, ohne von ihnen überwältigt zu werden; dies ist die Grundlage dieser Fähigkeit.

Identifizierung von Auslösern

- Erkennen Sie die emotionalen Auslöser, die spezifische Reaktionen hervorrufen. Die Identifikation dieser Ausgangspunkte ermöglicht es Ihnen, Ihre emotionalen Reaktionen vorherzusehen und zu steuern.

Strategien zur Entwicklung der Selbstkontrolle:

Bewusste Atmung

- Die Praxis der bewussten Atmung ist ein kraftvolles Werkzeug, um sich im gegenwärtigen Moment zu verankern. Tiefes Atmen in Momenten intensiver Emotionen hilft, das Nervensystem zu beruhigen.

Emotionale Distanzierung

- Entwickeln Sie die Fähigkeit, sich emotional von Situationen zu distanzieren. Stellen Sie sich vor, Sie beobachten Ihre Emotionen als neutraler Beobachter, was eine klarere Perspektive ermöglichen kann.

Die Kunst der bewussten Pause

Pause und Reflexion

- Bevor Sie impulsiv reagieren, schaffen Sie Raum für eine bewusste Pause. Dies gibt Ihnen die Gelegenheit, Ihre Emotionen zu bewerten und bewusst zu entscheiden, wie Sie reagieren möchten.

Lernen aus Fehlern

- Betrachten Sie jeden Fehltritt als Lerngelegenheit. Selbstkontrolle ist eine ständig sich weiterentwickelnde Fähigkeit, und jede Erfahrung bietet wertvolle Einsichten zur Verbesserung.

Gesunde Grenzen Setzen

Respektvoll „Nein" Sagen

- Erlernen Sie das Setzen gesunder Grenzen, indem Sie bei Bedarf respektvoll und klar „nein" sagen. Dies schützt Ihre emotionale Energie und fördert ausgewogene Beziehungen.

Fokus auf Lösungen

• Statt sich in Herausforderungen zu verlieren, richten Sie Ihre Energie auf die Findung von Lösungen. Selbstkontrolle zeigt sich, wenn Sie Ihre Emotionen in konstruktive Handlungen lenken.

Praktische Anwendungen

Am Ende dieses Themas werden Sie die Bedeutung der Selbstkontrolle verstehen und über praktische Werkzeuge verfügen, um diese Fähigkeit weiterzuentwickeln. Dies ist eine Einladung, der Dirigent Ihrer Emotionen zu werden, jede Welle mit Anmut zu navigieren und gleichzeitig das Steuer in der Hand zu behalten. Durch die Entwicklung der Selbstkontrolle legen Sie die Grundlage für eine robuste emotionale Intelligenz, die es Ihnen ermöglicht, Herausforderungen mit Gelassenheit, Klarheit und Resilienz zu begegnen. Bereiten Sie sich darauf vor, die emotionalen Gezeiten des Lebens mit Meisterschaft und Entschlossenheit zu navigieren.

Tiefe Empathie

Die Kunst, über Worte hinaus zu Verstehen

Tiefe Empathie ist der Kompass, der uns durch die Komplexität der Emotionen anderer führt. In diesem Thema werden wir nicht nur die zentrale Bedeutung der Empathie für den Aufbau emotionaler Intelligenz erkunden, sondern auch praktische Strategien zur Entwicklung dieser wesentlichen Fähigkeit, die es uns ermöglicht, echte Verbindungen zu schaffen und die Perspektiven anderer zu verstehen.

Tiefe Empathie Verstehen

Sensorische Einstimmung

• Tiefe Empathie geht über intellektuelles Verständnis hinaus; sie ist eine sensorische Einstimmung auf die Emotionen anderer. Dies beinhaltet nicht nur das Hören von Worten, sondern auch das Auffangen der unausgesprochenen emotionalen Nuancen.

Sich in die Lage des Anderen Versetzen

• Das Wesen der Empathie ist die Fähigkeit, sich in die Lage des anderen zu versetzen, seine Freuden, Schmerzen und Herausforderungen zu fühlen. Dies erfordert eine aufrichtige Bereitschaft, die Welt durch die Augen des anderen zu sehen.

Strategien zur Entwicklung Tiefer Empathie

Verbesserte Aktive Zuhören

- Gehen Sie über das konventionelle aktive Zuhören hinaus. Zeigen Sie echtes Interesse an den Erfahrungen und Emotionen des anderen, indem Sie Fragen stellen, die eine tiefere Erzählung fördern.

Empathische Nonverbale Ausdrucksweisen

- Verwenden Sie Gesichtsausdrücke und Körpersprache, um Empathie zu vermitteln. Eine einfache Geste des Verständnisses oder ein einladender Blick kann viel aussagen.

Perspektivische Übungen

Übung der Welt des Anderen

- Stellen Sie sich vor, einen Tag im Leben der Person zu verbringen. Wie wären ihre Emotionen, Herausforderungen und Freuden? Diese Übung hilft, ein tieferes Verständnis zu entwickeln.

Geteilte Geschichten

- Teilen Sie persönliche Geschichten und laden Sie andere ein, dasselbe zu tun. Dieser Austausch schafft emotionale Brücken und stärkt die Bindungen.

Empathie im Alltag Kultivieren

Alltägliche Szenen

- Üben Sie Empathie in alltäglichen Situationen. Achten Sie auf die Emotionen der Menschen um Sie herum und bemühen Sie sich, zu verstehen, was sie erleben.

Empathisches Feedback

• Geben Sie Feedback auf empathische Weise, indem Sie die Emotionen des anderen anerkennen und seine Erfahrungen validieren.

Praktische Anwendungen

Am Ende dieses Themas werden Sie nicht nur die Bedeutung tiefer Empathie verstehen, sondern auch über praktische Strategien zur Entwicklung dieser Fähigkeit verfügen. Dies ist ein Aufruf, ein sensibler Beobachter der emotionalen Welt anderer zu werden, echte Verbindungen zu schaffen und zu bedeutungsvolleren Beziehungen beizutragen. Durch die Entwicklung tiefer Empathie bereichern Sie nicht nur das Leben anderer, sondern erweitern auch Ihr eigenes Verständnis der Welt, wodurch Sie eine solide Grundlage für eine robuste emotionale Intelligenz schaffen. Bereiten Sie sich darauf vor, eine tiefere und bereichernde Reise der menschlichen Verbindung anzutreten.

Soziale Fähigkeiten

Das Gewebe, das Bedeutungsvolle Beziehungen Webt

Soziale Fähigkeiten sind die Fäden, die die Stränge der Kommunikation verweben und die Tapete bedeutungsvoller Beziehungen bauen. In diesem Thema werden wir nicht nur die grundlegende Bedeutung sozialer Fähigkeiten für die emotionale Intelligenz erkunden, sondern auch praktische Strategien zur Entwicklung dieser entscheidenden Fähigkeit. Sich mit sozialen Fähigkeiten auszustatten, bedeutet nicht nur Interaktion, sondern auch das Knüpfen von Verbindungen, das Schaffen von Verständnis und das Pflegen von Beziehungen im Laufe der Zeit.

Die sozialen Fähigkeiten Entschlüsseln

Verständnis des Sozialen Kontextes

• Soziale Fähigkeiten beginnen mit der Fähigkeit, den Kontext, in dem Sie sich befinden, zu verstehen. Dazu gehört das Lesen sozialer Signale, Normen und Erwartungen.

Kommunikative Anpassungsfähigkeit

• Die Fähigkeit, Ihre Kommunikation an den Gesprächspartner und den Kontext anzupassen, ist eine wertvolle soziale Fähigkeit. Dies umfasst die Flexibilität, Ihren Ton, Stil und Ihre Sprache nach Bedarf anzupassen.

Strategien zur Entwicklung Sozialer Fähigkeiten

Praxis des Aktiven Zuhörens

- Das aktive Zuhören ist ein Eckpfeiler sozialer Fähigkeiten. Üben Sie, empathisch zuzuhören, klärende Fragen zu stellen und echtes Interesse zu zeigen.

Gesichtsausdruck und Körpersprache

- Verfeinern Sie Ihre Gesichtsausdrücke und Körpersprache, um klare Absichten und emotionale Unterstützung zu vermitteln. Der Körper spricht ebenso viel wie Worte.

Aufbau von Beziehungen

Gespräche Initiieren und Aufrechterhalten

- Die Fähigkeit, Gespräche zu initiieren und aufrechtzuerhalten, ist entscheidend. Dazu gehören Fähigkeiten wie das Überwinden des anfänglichen Eisbruchs, das Stellen offener Fragen und das Aufrechterhalten eines natürlichen Gesprächsflusses.

Konfliktlösung

- Soziale Fähigkeiten glänzen bei der Konfliktlösung. Entwickeln Sie die Fähigkeit, Konflikte mit Ruhe, Empathie und der Suche nach konstruktiven Lösungen anzugehen.

Aufbau Authentischer Verbindungen

Authentizität in der Kommunikation

- Seien Sie authentisch in Ihrer Kommunikation. Dies schafft eine solide Grundlage für den Aufbau langfristiger Beziehungen, da Menschen Ehrlichkeit und Transparenz schätzen.

Echtes Interesse Zeigen

- Zeigen Sie echtes Interesse am Leben und den Erfahrungen anderer. Dies baut nicht nur Beziehungen auf, sondern stärkt auch bestehende Bindungen.

Praktische Anwendungen

Am Ende dieses Themas werden Sie nicht nur die Bedeutung sozialer Fähigkeiten verstehen, sondern auch praktische Strategien zur Entwicklung dieser Fähigkeit zur Verfügung haben. Dies ist eine Einladung, ein Architekt von Beziehungen zu werden, Verbindungen zu schaffen, die auf Authentizität, Verständnis und gegenseitigem Respekt basieren. Durch die Entwicklung sozialer Fähigkeiten heben Sie sich nicht nur in sozialen Umfeldern hervor, sondern tragen auch zur Schaffung einer stärker vernetzten und unterstützenden Gemeinschaft bei. Bereiten Sie sich darauf vor, den Weg zum Aufbau bedeutungsvoller Beziehungen zu beschreiten, bei dem jede Interaktion eine Gelegenheit ist, dauerhafte Bindungen zu schaffen.

Meditation und Achtsamkeit

Die Innere Reise zur Mentalen Ruhe

Meditation und Achtsamkeit sind die Wege, die uns in unser Inneres führen, wo der geistige Frieden auf uns wartet. In diesem Kapitel werden wir nicht nur die wesentliche Bedeutung von Meditation und Achtsamkeit für die Entwicklung emotionaler Intelligenz untersuchen, sondern auch praktische Strategien vorstellen, um diese transformierenden Praktiken in Ihren Alltag zu integrieren.

Die Meditation und Achtsamkeit Entschlüsseln

Vollständige Bewusstheit (Achtsamkeit)

• Achtsamkeit umfasst das vollständige Präsenzsein im Moment, wobei eine bewusste Aufmerksamkeit für die gegenwärtigen Erfahrungen gepflegt wird. Dazu gehört, Gedanken und Emotionen ohne Urteil zu beobachten.

Meditation als Innere Reise

• Meditation ist eine innere Reise, die einen Raum bietet, um Denk- und Verhaltensmuster zu beobachten und zu verstehen. Sie umfasst verschiedene Formen, von der Konzentrationsmeditation bis zur Achtsamkeitsmeditation.

Strategien zur Integration von Meditation und Achtsamkeit

Morgendliche und Abendliche Routinen

- Integrieren Sie Meditation oder Achtsamkeitspraktiken in Ihre morgendlichen und abendlichen Routinen. Dies setzt einen positiven Ton für den Tag oder hilft, vor dem Schlafengehen zu entspannen.

Geführte Meditation

- Verwenden Sie Ressourcen für geführte Meditation, sei es durch Apps, Online-Videos oder lokale Instruktoren. Diese Führungen können Struktur und Anleitung während Ihrer Sitzungen bieten.

Achtsamkeit im Alltag

Aufmerksamkeit auf die Atmung

- Die Aufmerksamkeit auf die Atmung ist eine grundlegende Form der Achtsamkeit. Widmen Sie einige Minuten der Konzentration auf die Atmung und bringen Sie Ihre Aufmerksamkeit immer wieder zurück, wenn sie abschweift.

Achtsame Spaziergänge

- Verwandeln Sie Ihre täglichen Spaziergänge in achtsame Erlebnisse. Beobachten Sie die Geräusche, Gerüche und Empfindungen um Sie herum und bringen Sie Ihre Aufmerksamkeit immer wieder in die Gegenwart zurück.

Meditation zur Emotionsbewältigung

Dankbarkeitsmeditation

- Die Praxis der Dankbarkeitsmeditation kann dabei helfen, sich auf Positives zu konzentrieren und eine optimistischere Haltung zu entwickeln.

Meditation zur Akzeptanz

- Üben Sie Meditationen, die Akzeptanz fördern, um Emotionen ohne Urteil anzunehmen und loszulassen.

Praktische Anwendungen

Am Ende dieses Themas werden Sie nicht nur die Bedeutung von Meditation und Achtsamkeit verstehen, sondern auch praktische Strategien zur Integration dieser Praktiken in Ihren Alltag kennen. Schaffen Sie einen inneren Raum der Ruhe und Klarheit, auch inmitten der hektischen Anforderungen des Lebens. Durch die Integration von Meditation und Achtsamkeit stärken Sie nicht nur Ihre emotionale Intelligenz, sondern fördern auch Ihre geistige Gesundheit und Ihr Wohlbefinden. Nehmen Sie diese innere Reise zur Selbstentdeckung und Gelassenheit mit Leichtigkeit an, wobei jeder Atemzug eine Gelegenheit ist, Frieden zu finden.

Entwicklung der Resilienz

Sich vor Herausforderungen Stärken

Resilienz ist die Kraft, die uns nicht nur erlaubt, die Herausforderungen des Lebens zu ertragen, sondern auch daraus zu lernen und zu wachsen. In diesem Kapitel werden wir nicht nur die zentrale Bedeutung der Resilienzentwicklung für den Aufbau emotionaler Intelligenz untersuchen, sondern auch praktische Strategien zur Kultivierung dieser wesentlichen Fähigkeit.

Verstehen der Resilienz

Anpassung an Widrigkeiten

- Resilienz ist nicht nur die Fähigkeit, Druck auszuhalten, sondern auch die Fähigkeit, sich anzupassen und zu wachsen, wenn Widrigkeiten auftreten. Es ist die Kunst, Herausforderungen in Möglichkeiten zur persönlichen Entwicklung zu verwandeln.

Aufrechterhaltung des emotionalen Gleichgewichts

- Resilienz bedeutet nicht das Fehlen von Emotionen, sondern die Fähigkeit, das emotionale Gleichgewicht selbst in turbulenten Zeiten zu bewahren. Es ist die Kraft, die uns davor bewahrt, von schwierigen Umständen überwältigt zu werden.

Strategien zur Entwicklung der Resilienz

Akzeptanz von Veränderung

- Resilienz beginnt mit der Akzeptanz von Veränderung als Konstante im Leben. Statt Widerstand zu leisten, lernen Sie, sich anzupassen und selbst in den herausforderndsten Veränderungen Chancen zu finden.

Aufbau von Unterstützungsnetzwerken

- Ein starkes soziales Unterstützungsnetzwerk ist entscheidend für die Entwicklung von Resilienz. Pflegen Sie positive Beziehungen, die emotionale und praktische Unterstützung in schwierigen Zeiten bieten.

Kultivierung der Wachstumsmentalität

Herausforderungen als Chancen sehen

- Entwickeln Sie die Wachstumsmentalität, indem Sie Herausforderungen als Gelegenheiten zum Lernen und zur Stärkung betrachten. Jedes Hindernis ist eine Chance zur persönlichen Weiterentwicklung.

Fokus auf Lösungen

- Anstatt sich in den Problemen zu verlieren, richten Sie Ihre Energie darauf, Lösungen zu finden. Resilienz zeigt sich, wenn Sie Herausforderungen mit Entschlossenheit und Proaktivität begegnen.

Lernen aus vergangenen Erfahrungen

Reflexion über vergangene Erfahrungen

- Reflektieren Sie über vergangene Erfahrungen und wie Sie Herausforderungen überwunden haben. Dies bestätigt nicht nur Ihre Fähigkeit zur Resilienz, sondern bietet auch Einsichten für die Bewältigung zukünftiger Herausforderungen.

Förderung der Selbstwirksamkeit

• Entwickeln Sie den Glauben an Ihre eigene Fähigkeit, Herausforderungen zu überwinden. Selbstwirksamkeit ist eine entscheidende Säule der Resilienz und motiviert Sie, angesichts von Widrigkeiten durchzuhalten.

Praktische Anwendungen

Ab hier werden Sie die Bedeutung der Entwicklung von Resilienz verstehen und auch praktische Strategien zur Kultivierung dieser Fähigkeit zur Verfügung haben. Sie können eine solide Grundlage schaffen, um nicht nur zu bestehen, sondern vor Herausforderungen zu gedeihen. Durch die Entwicklung von Resilienz werden Sie nicht nur widerstandsfähig gegenüber den Stürmen des Lebens, sondern auch ein geschickter Navigator, der aus jedem Sturm Kraft schöpft. Gehen Sie Ihren Weg der persönlichen Entwicklung und Selbstentdeckung, bei dem jede Herausforderung eine Gelegenheit ist, Ihre innere Resilienz zu stärken.

Lernen aus Kritik

Herausforderungen in Wachstumschancen verwandeln

Die Fähigkeit, aus Kritik zu lernen, ist eine wahre emotionale Alchemie, die herausfordernde Momente in wertvolle Gelegenheiten für persönliches Wachstum und Verbesserung verwandelt. In diesem Abschnitt werden wir nicht nur die grundlegende Bedeutung dieses Prozesses für den Aufbau emotionaler Intelligenz untersuchen, sondern auch praktische Strategien zur Nutzung von Kritik als Katalysator für die Entwicklung.

Verstehen der konstruktiven Natur von Kritik

Konstruktive Perspektive

- Kritik, wenn sie mit der richtigen Einstellung betrachtet wird, ist eine wertvolle Quelle von Einsichten. Sie bietet eine externe Perspektive, die wir oft nicht selbst erlangen können.

Wachstumschance

- Jede Kritik ist eine Gelegenheit zur Verbesserung. Statt sie als persönliche Angriffe zu betrachten, sehen Sie sie als Anleitung zum Wachsen und Weiterentwickeln.

Strategien zum Lernen aus Kritik

Aktives und nicht-reaktives Zuhören

- Beim Erhalten von Kritik üben Sie aktives Zuhören. Lassen Sie den Kritiker seine Sichtweise darlegen und vermeiden Sie sofortige defensive Reaktionen. Dies schafft Raum, um die Perspektive des anderen zu verstehen.

Trennung von Ich und Handlung

- Beim Erhalt von Kritik distanzieren Sie sich emotional von der kritisierten Handlung. Erkennen Sie, dass die Kritik sich auf ein bestimmtes Verhalten oder Ergebnis bezieht, nicht auf Ihre persönliche Identität.

Verwandeln von Kritik in Chancen

Reflexive Analyse

- Nach dem Erhalt von Kritik nehmen Sie sich Zeit für eine reflexive Analyse. Fragen Sie sich, was aus der Situation gelernt werden kann und wie diese Erkenntnisse in der Zukunft angewendet werden können.

Wachstum durch Selbstbewertung

- Verwenden Sie Kritik als Werkzeug zur Selbstbewertung. Fragen Sie sich, wie Ihre Handlungen oder Entscheidungen verbessert werden können und entwickeln Sie einen Aktionsplan.

Förderung der emotionalen Resilienz

Umgang mit emotionalem Schmerz

- Verstehen Sie, dass Kritik schmerzhaft sein kann, entwickeln Sie jedoch emotionale Resilienz, um diesen Schmerz direkt zu begegnen, ohne sich übermäßig beeinflussen zu lassen.

Fokus auf die Gelegenheit, nicht auf die Kritik

- Ändern Sie den Fokus von der Kritik auf die Wachstumschance. Indem Sie dies tun, richten Sie Ihre Energie auf konstruktive Aspekte und verwandeln die Erfahrung in etwas Positives.

Praktische Anwendungen

Am Ende dieses Abschnitts werden Sie die Bedeutung des Lernens aus Kritik verstehen und auch praktische Strategien zur Integration dieses Lernens in Ihre persönliche Entwicklung haben. Dies ist eine Einladung, Kritik von Hindernissen auf Ihrem Weg in Stufen des Wachstums zu verwandeln. Durch das Lernen aus Kritik werden Sie nicht nur widerstandsfähiger, sondern auch geschickter darin, Herausforderungen in Chancen zur Selbstentdeckung und kontinuierlichen Verbesserung zu verwandeln. Machen Sie sich bereit, Kritik als Verbündete auf Ihrem Weg zur persönlichen Weiterentwicklung zu begrüßen.

Emotionale Intelligenz

Mit Meisterschaft durch die Gewässer des Lebens navigieren

Das Abschluss der Erkundung der emotionalen Intelligenz ist wie das Ankerwerfen nach einer herausfordernden, aber lohnenden Reise durch die Meere der Selbstentdeckung. Im Verlauf dieses Kompendiums haben wir die tiefen Gewässer der Emotionen erforscht und Strategien sowie essentielle Fähigkeiten untersucht, um mit Meisterschaft durch die Komplexitäten des Lebens zu navigieren.

Reflexion über die Reise: Im Laufe dieser Themen haben Sie die Gebiete der effektiven Kommunikation, tiefen Empathie, sozialen Fähigkeiten, Meditation, Resilienz und des Lernens aus Kritik erkundet. Jedes Thema hat nicht nur Konzepte umrissen, sondern auch praktische Werkzeuge angeboten, um diese Fähigkeiten im Alltag anzuwenden.

Der subtile Tanz der emotionalen Fähigkeiten: Emotionale Intelligenz ist ein subtiler Tanz zwischen dem Verstehen der eigenen Emotionen und der authentischen Verbindung zu anderen. Es ist die Fähigkeit, Herausforderungen mit Klarheit, Anpassungsfähigkeit und vor allem Mitgefühl für sich selbst und andere zu begegnen.

Der Aufruf zum Handeln: Nun liegt die Verantwortung in Ihren Händen. Das erworbene Wissen ist der Anker, der Sie bei den Winden der Veränderung festhalten wird. Nutzen Sie diese

Fähigkeiten als Ruder, um Ihre Entscheidungen und Interaktionen zu lenken. Emotionale Intelligenz ist nicht nur eine Theorie, sondern eine tägliche Praxis, die die Qualität Ihrer Reise prägt.

Die kontinuierliche Reise annehmen: Denken Sie daran, dass emotionale Intelligenz eine kontinuierliche Reise und kein endgültiges Ziel ist. Jede Herausforderung ist eine Gelegenheit, Ihre Fähigkeiten anzuwenden und zu verbessern. Fürchten Sie sich nicht vor emotionalen Stürmen; sehen Sie sie als Chancen, Ihre innere Navigation zu stärken.

Den inneren Kapitän wecken: Während Sie dieses Kompendium abschließen, wecken Sie den inneren Kapitän, der Ihr emotionales Boot steuern wird. Nutzen Sie die Fähigkeiten, die Sie entwickelt haben, um ein ausgewogeneres, bedeutungsvolleres Leben mit reichen menschlichen Verbindungen zu schaffen. Mögen Ihre Gewässer ruhig sein und möge Inspiration jeden Schritt Ihrer Reise leiten. Emotionale Intelligenz verändert nicht nur die Art und Weise, wie Sie Herausforderungen begegnen, sondern bereichert auch die Farben der Tapete Ihres Lebens.

Navigieren Sie mit Mut, und kultivieren Sie emotionale Intelligenz als inneren Leuchtturm. Schließlich liegt die wahre Meisterschaft darin, Harmonie zwischen Geist, Herz und der Weite des emotionalen Ozeans zu finden, der das Leben ist. Gute Reise!

Problemlösung

Herausforderungen mit kritischem Denken begegnen

Die Problemlösung ist ein Kompass, der uns durch die alltäglichen Herausforderungen führt. In diesem Kapitel werden wir die wesentliche Bedeutung erkunden, Hindernisse mit kritischem Denken anzugehen, und praktische Strategien entwickeln, um komplexe Probleme mit Klarheit und Effektivität zu bewältigen.

Die komplexe Natur der Herausforderungen

Erkennung der Komplexität

- Probleme präsentieren sich oft als verworrene Netze miteinander verbundener Faktoren. Effektive Problemlösung erfordert ein tiefes Verständnis der beteiligten Komplexität.

Anpassung an ständige Veränderungen

- Die Welt befindet sich in ständigem Wandel, und die Herausforderungen verändern sich im Laufe der Zeit. Effektive Problemlösung erfordert einen anpassungsfähigen Verstand, der in der Lage ist, Ansätze nach Bedarf anzupassen.

Die Bedeutung des kritischen Denkens

Tiefgehende Analyse

- Kritisches Denken ist das Werkzeug, das uns ermöglicht, Probleme tiefgehend zu analysieren. Es befähigt uns, Annahmen zu hinterfragen, Vorurteile zu identifizieren und verschiedene Perspektiven zu erkunden.

Informierte Entscheidungsfindung

• Beim Ansatz von Problemen mit kritischem Denken sind die getroffenen Entscheidungen von einer sorgfältigen Analyse und einem umfassenden Verständnis der Konsequenzen geprägt.

Strategien zur Anwendung von kritischem Denken bei der Problemlösung:

Klare Problembeschreibung

• Bevor Sie nach Lösungen suchen, ist es entscheidend, eine klare Definition des Problems zu haben. Dies vermeidet oberflächliche Ansätze und lenkt die Aufmerksamkeit auf die Wurzel der Herausforderung.

Aufteilung in Komponenten

• Bei komplexen Problemen teilen Sie diese in kleinere Komponenten auf. Dies vereinfacht die Analyse und erleichtert die Bearbeitung jedes Aspekts auf kontrollierte Weise.

Resilienz bei der Problemlösung fördern

Akzeptanz der Unsicherheit

• Problemlösung folgt nicht immer einem linearen Weg. Entwickeln Sie Resilienz, indem Sie die Unsicherheit akzeptieren und bereit sind, Strategien nach Bedarf anzupassen.

Kontinuierliches Lernen

- Betrachten Sie jede Herausforderung als Lerngelegenheit. Auch wenn eine Lösung nicht sofort offensichtlich ist, bietet der Problemlösungsprozess selbst wertvolle Einblicke.

Praktische Anwendungen:

Am Ende dieses Kapitels werden Sie nicht nur das Verständnis für die Bedeutung der Problemlösung mit kritischem Denken haben, sondern auch praktische Werkzeuge zur Anwendung dieser Fähigkeiten in Ihrem Alltag bereitstellen. Problemlösung wird nicht nur zu einer Aufgabe, sondern zu einer Gelegenheit, Ihre Analysefähigkeiten zu verbessern, informierte Entscheidungen zu treffen und als Problemlöser zu wachsen. Bereiten Sie sich darauf vor, Herausforderungen als Chancen zu sehen, Ihre analytische Denkweise anzuwenden und die Problemlösung mit Meisterschaft zu begegnen.

Anerkennung der Komplexität

Bei der Akzeptanz von Herausforderungen

Die Anerkennung der Komplexität ist es, was uns bei der Akzeptanz von Herausforderungen leitet und uns ermöglicht, das komplexe Geflecht von Faktoren zu verstehen, das oft scheinbar unlösbare Probleme ausmacht. In einer Welt, in der Einfachheit selten die Norm ist, ist die Fähigkeit, Komplexität zu umarmen und zu verstehen, entscheidend für eine effektive Problemlösung.

Tiefgehendes Verständnis

Erforschung der Schichten

- Jede Herausforderung hat Schichten, die eine gründliche Erkundung erfordern. Die Anerkennung der Komplexität umfasst die Bereitschaft, tief in die Herausforderungen einzutauchen, Verbindungen und Nuancen zu entdecken, die auf den ersten Blick möglicherweise nicht offensichtlich sind.

Ständiges Hinterfragen

- Angesichts der Komplexität ist ständiges Hinterfragen unerlässlich. Annahmen in Frage stellen, ursächliche Beziehungen untersuchen und Vorurteile herausfordern sind Schlüsselkomponenten, um die wahre Natur der Probleme zu enthüllen.

Anpassung an ständige Veränderungen

Mentale Flexibilität

- Komplexität ist oft mit ständiger Veränderung verflochten. Die Entwicklung mentaler Flexibilität ist entscheidend, um sich an neue Informationen anzupassen, Strategien zu ändern und die Dynamik der Herausforderungen zu akzeptieren.

Langfristige Perspektive

- Über das unmittelbare Geschehen hinauszusehen ist ein wesentlicher Bestandteil der Anerkennung der Komplexität. Eine langfristige Perspektive ermöglicht es, Veränderungen vorauszusehen und eine strategische Herangehensweise inmitten von Unsicherheiten zu integrieren.

Strategien zur Navigation durch Komplexität Systemanalyse

- Der systemische Ansatz ist ein mächtiges Werkzeug im Umgang mit komplexen Herausforderungen. Zu analysieren, wie verschiedene Teile miteinander interagieren, trägt zu einem ganzheitlicheren Verständnis des Problems bei.

Systemisches Denken

- Systemisches Denken umfasst das Betrachten der Teile als miteinander verbundene Komponenten eines Ganzen. Anstatt isoliert auf jeden Aspekt zu fokussieren, wird versucht, die Beziehungen und Abhängigkeiten zu verstehen.

Resilienz in der Komplexität fördern

Toleranz gegenüber Mehrdeutigkeit

• Komplexität bringt oft Mehrdeutigkeit mit sich. Die Entwicklung einer Toleranz gegenüber dieser Mehrdeutigkeit ermöglicht es, Herausforderungen zu begegnen, ohne definitive Antworten zu benötigen.

Kontinuierliches Lernen

• Betrachten Sie Komplexität als kontinuierliche Lernmöglichkeit. Jede neue Herausforderung ist eine Lektion und trägt zu einem tiefergehenden Verständnis der Komplexität bei, die das Leben durchdringt.

Praktische Anwendungen

Die Anerkennung der Komplexität ist nicht nur eine Fähigkeit, sondern eine Haltung, die komplexe Herausforderungen in Möglichkeiten für Wachstum und effektive Problemlösung verwandelt. Bereiten Sie sich darauf vor, die Komplexität als Verbündete auf Ihrer Reise zur Problemlösung zu akzeptieren, bei der jede Schicht neue Möglichkeiten und wertvolle Einsichten offenbart.

Anpassung an ständige Veränderung

Navigieren durch die Gezeiten der Transformation

In einer Welt, die sich ständig weiterentwickelt, ist die Fähigkeit zur Anpassung an ständige Veränderungen wie das Segel, das es dem Problemlösungsboot ermöglicht, durch unsichere Gewässer zu navigieren. Dieses Thema ist entscheidend, da die Fähigkeit, die Segel als Reaktion auf schnelle Veränderungen anzupassen, das unterscheidet, was fähige Navigatoren von denen trennt, die auf der Stelle treten. Lassen Sie uns praktische Strategien erkunden, um diese wesentliche Fähigkeit zu kultivieren.

Mentale Flexibilität

Offenheit für Vielfalt an Ideen

- Mentale Flexibilität beginnt mit der Offenheit für eine Vielzahl von Ideen. Durch das Akzeptieren unterschiedlicher Perspektiven bereiten Sie sich darauf vor, Ihre Strategien nach Bedarf anzupassen und sich den Nuancen der Herausforderungen anzupassen.

Loslassen von festen Lösungen

- Vermeiden Sie mentale Starrheit, indem Sie sich an festen Lösungen festhalten. Seien Sie bereit, Ansätze aufzugeben, die nicht mehr mit der sich ständig verändernden Realität übereinstimmen.

Langfristige Perspektive

Antizipation von Trends

- Die Entwicklung einer langfristigen Perspektive umfasst das Antizipieren von Trends und Veränderungen. Dies ermöglicht es Ihnen, nicht nur auf unmittelbare Ereignisse zu reagieren, sondern sich auch proaktiv auf das Kommende vorzubereiten.

Flexibles Planen

- Erstellen Sie Pläne, die solide, aber flexibel sind. Erkennen Sie, dass selbst mit der besten Planung Veränderungen unvermeidlich sind. Flexibilität im Plan ermöglicht sanfte Anpassungen, während sich die Umstände weiterentwickeln.

Strategien für das Navigieren durch Veränderung

Kontinuierliches Lernen

- Betrachten Sie jede Veränderung als Gelegenheit zum kontinuierlichen Lernen. Seien Sie bereit, neue Fähigkeiten und Kenntnisse zu erwerben, während sich Ihre Umgebung verwandelt.

Anpassung von Methoden

- Seien Sie agil in der Anpassung von Methoden. Was in einem Kontext funktioniert hat, muss möglicherweise in einem anderen angepasst werden. Seien Sie offen dafür, Ihre Ansätze basierend auf der Effektivität in spezifischen Situationen zu ändern.

Resilienz in der Veränderung fördern

Akzeptanz von Unsicherheit

- Resilienz in der Veränderung beginnt mit der Akzeptanz von Unsicherheit. Verstehen Sie, dass Veränderung konstant ist, und die Fähigkeit, das Unbekannte zu umarmen, stärkt Ihre Resilienz.

Fokus auf die Gelegenheit

- Beim Umgang mit Veränderungen verlagern Sie den Fokus von Verlust auf Gelegenheit. Jede Veränderung bringt die Chance mit sich zu wachsen, zu lernen und sich weiterzuentwickeln.

Praktische Anwendungen

Mit diesem Thema sind Sie nicht nur darauf vorbereitet, ständige Veränderung zu erkennen, sondern auch, sicher und mit Vertrauen durch ihre Gewässer zu navigieren. Die Anpassung an ständige Veränderung ist nicht nur eine Reaktion, sondern eine proaktive Haltung, die es Ihnen ermöglicht, nicht nur zu überleben, sondern inmitten der Transformation zu gedeihen. Seien Sie bereit, Ihre Segel anzupassen, neue Horizonte zu erkunden und Veränderung als Konstante in Ihrer Problemlösungsreise zu akzeptieren.

Tiefgehende Analyse

Das Entschlüsseln der Schichten von Herausforderungen

Die Fähigkeit zur tiefgehenden Analyse ist wie eine Lupe, die die komplizierten Schichten von Herausforderungen offenbart und entscheidende Einblicke für eine effektive Problemlösung bietet. In diesem Thema werden wir die Bedeutung dieser Praxis und Strategien zur Verbesserung der Fähigkeit, Probleme tiefgehend zu analysieren, erkunden.

Erforschung der Schichten

Ständiges Hinterfragen

- Die tiefgehende Analyse beginnt mit ständigem Hinterfragen. Seien Sie bereit, Annahmen in Frage zu stellen, tief verwurzelte Überzeugungen zu prüfen und die Wurzeln der Probleme zu erforschen.

Ganzheitliche Untersuchung

- Anstatt nur die oberflächlichen Aspekte zu betrachten, tauchen Sie in die tiefer liegenden Schichten ein. Verstehen Sie, wie verschiedene Variablen interagieren und wie jede Schicht zur Komplexität der Herausforderung beiträgt.

Entwicklung des kritischen Denkens

Erkennung von Verzerrungen

- Erkennen und adressieren Sie Verzerrungen. Kritisches Denken umfasst die Fähigkeit, über begrenzte Perspektiven hinaus zu sehen und sicherzustellen, dass Ihre Analyse nicht durch unbewusste Vorurteile verzerrt wird.

Erforschung mehrerer Perspektiven

• Entwickeln Sie die Fähigkeit, ein Problem aus verschiedenen Perspektiven zu betrachten. Dies erweitert Ihr Verständnis und ermöglicht es Ihnen, unterschiedliche Blickwinkel bei der Analyse komplexer Herausforderungen zu berücksichtigen.

Strategien für tiefgehende Analyse

Interviews und Umfragen

• Führen Sie detaillierte Interviews und Umfragen durch. Das Sammeln von Daten direkt aus den Quellen und das Verstehen der Erfahrungen aller beteiligten Parteien bereichert Ihre Analyse.

Konzeptkarten

• Verwenden Sie Konzeptkarten, um die Interkonnektivität von Elementen zu visualisieren. Dies hilft, eine grafische Darstellung der Beziehungen zwischen verschiedenen Teilen des Problems zu erstellen.

Anwendung der tiefgehenden Analyse in der Problemlösung

Identifizierung der Wurzel des Problems

• Die tiefgehende Analyse hilft, die Wurzel des Problems zu identifizieren, sodass Sie nicht nur die

Symptome behandeln, sondern die grundlegenden Fragen lösen können.

Formulierung präziser Strategien

- Ein tiefes Verständnis der Herausforderungen ermöglicht die Formulierung präziser Strategien. Ihre Handlungen werden durch ein umfassendes Verständnis informiert, was die Erfolgschancen erhöht.

Resilienz bei tiefgehender Analyse fördern

Toleranz gegenüber Komplexität

- Entwickeln Sie Toleranz gegenüber Komplexität. Die tiefgehende Analyse offenbart oft Nuancen und Verknüpfungen, die überwältigend erscheinen können. Resilienz liegt in der Fähigkeit, mit dieser Komplexität umzugehen.

Kontinuierliches Lernen

- Betrachten Sie jede Analyse als Gelegenheit zum kontinuierlichen Lernen. Jede bewältigte Herausforderung vertieft Ihr Verständnis und macht Sie geschickter bei der Analyse zukünftiger Probleme.

Praktische Anwendungen

Am Ende dieses Eintauchens in die tiefgehende Analyse sind Sie darauf vorbereitet, die tieferen Schichten von Herausforderungen zu entschlüsseln und wertvolle Einblicke für eine effektive Lösung zu gewinnen. Tiefgehende Analyse ist nicht nur ein Werkzeug, sondern eine Denkweise, die komplexe Probleme in Chancen für Verständnis und Wachstum verwandelt. Seien Sie bereit, sich in die Komplexitäten zu vertiefen, unermüdlich zu hinterfragen und ein Verständnis zu entwickeln, das die Oberflächen der Herausforderungen, die Sie begegnen, übersteigt.

Informierte Entscheidungsfindung

Navigieren an den Kreuzungen mit Klarheit und Weisheit

Die Fähigkeit, informierte Entscheidungen zu treffen, ist das Ziel, das jeden Schritt auf der Reise zur Problemlösung leitet. In diesem Abschnitt werden wir die Bedeutung von fundierten Entscheidungen und Strategien untersuchen, um sicherzustellen, dass jede Wahl ein solider Schritt in Richtung einer effektiven Lösung ist.

Sorgfältige Analyse

Berücksichtigung der Konsequenzen

- Die informierte Entscheidungsfindung beginnt mit der sorgfältigen Analyse der potenziellen Konsequenzen. Bewerten Sie, wie jede Option nicht nur den gegenwärtigen Moment, sondern auch die Zukunft beeinflussen wird

Bewertung von Risiken und Nutzen

- Wiegen Sie die Risiken und Vorteile jeder Alternative ab. Dies beinhaltet eine ausgewogene Bewertung der potenziellen Vor- und Nachteile, die mit jeder Entscheidung verbunden sind.

Integration verschiedener Perspektiven

Konsultation von Interessengruppen

- Beziehen Sie die Perspektiven relevanter Stakeholder ein. Informierte Entscheidungen erfordern die

Berücksichtigung, wie die Wahl nicht nur Sie selbst, sondern auch andere Beteiligte am Problem betreffen wird.

Überprüfung aus mehreren Blickwinkeln

• Verfolgen Sie einen ganzheitlichen Ansatz, indem Sie mehrere Blickwinkel überprüfen. Vermeiden Sie Entscheidungen, die auf isolierten Sichtweisen basieren, und streben Sie danach, die Auswirkungen jeder Wahl aus verschiedenen Perspektiven zu verstehen.

Verwendung von Daten und vertrauenswürdigen Informationen

Erhebung relevanter Daten

• Stellen Sie sicher, dass Sie relevante Daten erheben. Informierte Entscheidungen erfordern Zugang zu genauen und aktuellen Informationen, die Ihre Wahl untermauern.

Überprüfung der Quellen

• Überprüfen Sie die Zuverlässigkeit der Informationsquellen. Stellen Sie sicher, dass die Daten, die zur Unterstützung Ihrer Entscheidungen verwendet werden, von vertrauenswürdigen und unparteiischen Quellen stammen.

Systematische Reflexion

Ausrichtung mit Zielen

- Reflektieren Sie darüber, wie jede Option mit den spezifischen Zielen übereinstimmt. Ihre Entscheidungen sollten im Einklang mit den Zielen stehen, die Sie bei der Problemlösung erreichen möchten.

Überprüfung vergangener Erfahrungen

- Lernen Sie aus vergangenen Erfahrungen. Die Überprüfung früherer Entscheidungen liefert wertvolle Einblicke, die Ihre Fähigkeit verbessern können, informierte Entscheidungen in der Gegenwart zu treffen.

Resilienz bei der Entscheidungsfindung fördern

Akzeptanz der Verantwortung

- Übernehmen Sie die Verantwortung für Ihre Entscheidungen. Resilienz bei der Entscheidungsfindung beruht auf der Fähigkeit, die Konsequenzen, ob positiv oder negativ, zu akzeptieren.

Kontinuierliches Lernen

- Betrachten Sie jede Entscheidung als Lernmöglichkeit. Kontinuierliches Lernen verbessert Ihre Fähigkeit zur informierten Entscheidungsfindung und verfeinert Ihre Herangehensweise im Laufe der Zeit.

Praktische Anwendungen

Die informierte Entscheidungsfindung ist nicht nur ein Prozess, sondern eine Fähigkeit, die durch Übung und kontinuierliches Lernen verfeinert wird. Seien Sie bereit, die Entscheidungen mit einem analytischen Geist zu treffen, wertvolle Informationen zu integrieren und jede Entscheidung mit den Zielen der Problemlösung, die Ihre Reise leiten, in Einklang zu bringen.

Klare Definition des Problems

Das Fundament der Effektiven Lösung

Die klare Definition des Problems ist das Fundament, auf dem die gesamte Struktur der effektiven Lösung aufgebaut wird. In diesem Abschnitt werden wir die entscheidende Bedeutung einer präzisen Definition und Strategien untersuchen, um sicherzustellen, dass das Problem klar verstanden wird, bevor Lösungen angegangen werden.

Klarstellung der Ziele

Identifikation spezifischer Ziele

- Die klare Definition des Problems beginnt mit der Identifikation spezifischer Ziele. Bestimmen Sie genau, was Sie erreichen möchten, indem Sie klare und messbare Ziele festlegen.

Ausrichtung auf größere Ziele

- Stellen Sie sicher, dass die Definition des Problems mit größeren Zielen übereinstimmt. Dies gewährleistet, dass die vorgeschlagenen Lösungen zur effektiven Bewältigung der Herausforderung beitragen.

Analyse der Ursache des Problems

Ständiges Fragen

- Führen Sie kontinuierliche Fragen durch, um die Ursache des Problems zu ermitteln. Fragen wie „Warum passiert das?" helfen dabei, das Verständnis zu vertiefen und die Analyse auf die grundlegenden Ursachen zu lenken.

Unterscheidung zwischen Symptomen und Ursachen

• Unterscheiden Sie zwischen Symptomen und Ursachen. Die klare Definition des Problems umfasst die Fähigkeit, sichtbare Symptome von den zugrunde liegenden Ursachen zu unterscheiden, die angegangen werden müssen.

Konsultation der Stakeholder

Einbeziehung verschiedener Perspektiven

• Beziehen Sie relevante Stakeholder in die Definition des Problems ein. Verschiedene Perspektiven tragen zu einem umfassenderen Verständnis bei und stellen sicher, dass kein wesentlicher Aspekt übersehen wird.

Feedback sammeln

• Führen Sie aktives Feedback ein. Das Hören der Meinungen und Erfahrungen der Beteiligten bietet wertvolle Einblicke, die die Definition des Problems informieren und verfeinern können.

Verwendung von Analysetools

Ursache-Wirkungs-Diagramme

• Verwenden Sie Tools wie Ursache-Wirkungs-Diagramme. Diese visuellen Darstellungen helfen dabei, die Beziehungen zwischen verschiedenen

Variablen zu kartieren und die Komplexität des Problems zu verdeutlichen.

Priorisierungs-Matrizen

• Verwenden Sie Priorisierungs-Matrizen, um die kritischsten Fragen zu identifizieren. Die Klassifizierung der Problemkomponenten nach Wichtigkeit hilft, die Anstrengungen auf die am stärksten wirkenden Bereiche zu konzentrieren.

Klare Kommunikation des Problems

Präzise Dokumentation

• Dokumentieren Sie die Einzelheiten des Problems präzise. Dies erleichtert die effektive Kommunikation mit allen Beteiligten und gewährleistet ein gemeinsames Verständnis.

Formulierung einer prägnanten Erklärung

• Entwickeln Sie eine prägnante Erklärung des Problems. Diese klare Zusammenfassung dient als Leitfaden während des Lösungsprozesses und hält den Fokus auf den zentralen Fragen.

Resilienz bei der Problembestimmung fördern

Akzeptanz von Überarbeitungen

• Seien Sie offen für Überarbeitungen der Problemdefinition. Resilienz liegt in der Fähigkeit, diese anzupassen und zu verfeinern, während neue Informationen auftauchen.

Fokus auf Lösung, nicht auf Schuldzuweisung

• Halten Sie den Fokus auf der Suche nach Lösungen, nicht auf der Schuldzuweisung. Die klare Definition des Problems ist auf die Lösung ausgerichtet, nicht auf die Suche nach Schuldigen.

Praktische Anwendungen

Dies ist der entscheidende Ausgangspunkt, der die gesamte Reise leitet und sicherstellt, dass Ihre Strategien mit der wahren Natur der Herausforderung übereinstimmen. Seien Sie bereit, Zeit und Mühe in die Definition des Problems zu investieren, denn dies ist nicht nur eine Anfangsphase, sondern ein fortlaufender Prozess, der sich weiterentwickelt, während Sie komplexe Probleme lösen.

Aufteilung in Komponenten

Die Komplexität in Handhabbare Teile Zerlegen

Die Praxis, ein Problem in Komponenten zu zerlegen, ist wie das Zerlegen einer scheinbar unüberwindbaren Komplexität in handhabbare Teile, was einen strukturierten und effizienten Ansatz ermöglicht. In diesem Abschnitt werden wir die Bedeutung dieser Technik und Strategien zur effektiven Durchführung dieser Aufteilung untersuchen.

Tiefes Verständnis

Detaillierte Analyse jedes Aspekts

• Die Aufteilung des Problems erfordert eine detaillierte Analyse jedes Aspekts. Untersuchen Sie gründlich die verschiedenen Facetten und stellen Sie sicher, dass jede Komponente in ihrer Gesamtheit verstanden wird.

Identifikation der Beziehungen zwischen Komponenten

• Stellen Sie neben dem Verständnis jeder einzelnen Komponente auch die Beziehungen zwischen ihnen fest. Dies gewährleistet, dass die Aufteilung logisch erfolgt und kein wesentlicher Aspekt übersehen wird.

Schritt-für-Schritt-Ansatz

Priorisierung der Komponenten

• Priorisieren Sie die Komponenten nach Bedeutung und Auswirkung. Dies ermöglicht einen sequenziellen

Ansatz, der sich zunächst auf die entscheidenden Elemente für eine effektive Lösung konzentriert.

Festlegung klarer Schritte

- Erstellen Sie klare Schritte zur Bearbeitung jeder Komponente. Eine effektive Aufteilung umfasst die Formulierung eines sequenziellen Plans, der angibt, wie jede Teilkomponente im Verlauf des Prozesses behandelt wird.

Einsatz visueller Werkzeuge

Mindmaps

- Verwenden Sie Mindmaps, um die Aufteilung zu visualisieren. Diese visuellen Darstellungen helfen dabei, die Interkonnektionen zwischen den Komponenten zu kartieren und bieten einen ganzheitlichen Überblick.

Venn-Diagramme

- Setzen Sie Venn-Diagramme ein, um Überschneidungen und Schnittmengen zwischen den Komponenten darzustellen. Diese visuelle Technik hilft, Bereiche der Konvergenz und Divergenz hervorzuheben.

Konsultation von Experten

Multidisziplinäre Zusammenarbeit

- Beziehen Sie relevante Experten in die Aufteilung der Komponenten ein. Die multidisziplinäre Zusammenarbeit bereichert die Analyse und stellt sicher, dass jedes Teil des Problems umfassend verstanden wird.

Kontinuierliches Feedback

• Bitten Sie während des Aufteilungsprozesses kontinuierlich um Feedback. Die Validierung durch Stakeholder hilft, den Ansatz zu verfeinern und sicherzustellen, dass die Aufteilung mit der Realität des Problems übereinstimmt.

Kontinuierliche Anpassung

Anpassungen während des Fortschritts

• Seien Sie bereit, Anpassungen vorzunehmen, während Sie voranschreiten. Die Aufteilung in Komponenten ist kein statischer Prozess; passen Sie den Ansatz an, um Relevanz und Effektivität sicherzustellen, während neue Informationen auftauchen.

Regelmäßige Überprüfung des Plans

• Führen Sie regelmäßige Überprüfungen des Aufteilungsplans durch. Dies ist entscheidend, um sicherzustellen, dass die ursprüngliche Strategie mit der Entwicklung des Problemverständnisses übereinstimmt.

Resilienz bei der Aufteilung in Komponenten fördern

Akzeptanz der Komplexität

• Akzeptieren Sie die Komplexität, die mit der Aufteilung einhergeht. Jede Komponente kann ihre eigenen Nuancen haben, und Resilienz besteht darin, diese Komplexitäten effektiv zu bewältigen.

Feiern kleiner Erfolge

- Feiern Sie kleine Erfolge bei der Bearbeitung jeder Komponente. Dies hält nicht nur die Motivation hoch, sondern stärkt auch das Vertrauen in den gewählten Ansatz.

Praktische Anwendungen

Am Ende dieses Abschnitts haben Sie ein solides Verständnis dafür, wie man die Komplexität in handhabbare Teile durch effiziente Aufteilung in Komponenten aufschlüsselt. Dieser Prozess vereinfacht nicht nur die Herausforderung, sondern bietet auch einen strukturierten und systematischen Ansatz zur Lösung. Seien Sie bereit, diese Technik bei zukünftigen Problemen anzuwenden und denken Sie daran, dass die Aufteilung in Komponenten ein dynamisches Werkzeug ist, das sich weiterentwickelt, während Sie im Prozess der Problemlösung voranschreiten.

Akzeptanz der Unsicherheit

Durch die Turbulenzen der Unsicherheit mit Resilienz Navigieren

Die Akzeptanz der Unsicherheit ist ein Anker, der die Reise der Problemlösung inmitten der turbulenten Gewässer der Komplexität stabilisiert. In diesem Abschnitt werden wir die Bedeutung dieser Fähigkeit und Strategien zur Förderung der Resilienz gegenüber Unsicherheit untersuchen.

Verständnis der Fluktuierenden Natur

Anerkennung der Ständigen Dynamik

- Die Akzeptanz der Unsicherheit beginnt mit der Anerkennung der ständigen Dynamik der Herausforderungen. Verstehen Sie, dass sich die Umstände ändern können und dass Unsicherheit ein wesentlicher Bestandteil der sich entwickelnden Natur von Problemen ist.

Mentale Flexibilität

- Entwickeln Sie mentale Flexibilität. Seien Sie bereit, Ihre Strategien anzupassen, während neue Informationen auftauchen, und erkennen Sie, dass absolute Gewissheit selten ist.

Anpassungsfähiger Ansatz

Agiles Denken

- Fördern Sie agiles Denken. Die Fähigkeit, sich schnell an Veränderungen der Bedingungen anzupassen, ist entscheidend im Umgang mit Unsicherheit.

Kontingente Planung

- Erstellen Sie contingency-Pläne. Statt sich auf einen starren Plan zu verlassen, halten Sie Alternativen bereit, um verschiedene Szenarien zu bewältigen, die auftreten können.

Resilienz gegenüber Veränderungen

Toleranz gegenüber Mehrdeutigkeit

- Entwickeln Sie Toleranz gegenüber Mehrdeutigkeit. Die Akzeptanz, dass nicht immer klare und eindeutige Antworten vorhanden sind, ist wesentlich für den resilienten Umgang mit Unsicherheit.

Fokus auf Chancen

- Verlagern Sie den Fokus von der Unsicherheit hin zu den Chancen, die sie bieten kann. Jede Veränderung bringt die Möglichkeit, zu lernen, zu wachsen und neue Lösungen zu entdecken.

Erwartungsmanagement

Transparente Kommunikation

- Stellen Sie eine transparente Kommunikation sicher. Seien Sie ehrlich bezüglich der Unsicherheit und kommunizieren Sie klar die Erwartungen und Pläne zur Anpassung an die sich entwickelnde Situation.

Ständiges Risikomanagement

• Führen Sie kontinuierliches Risikomanagement durch. Dies umfasst die regelmäßige Bewertung möglicher Hindernisse und die Identifikation von Strategien zur Minderung negativer Auswirkungen.

Resilienz in der Unsicherheit Fördern

Kontinuierliches Lernen

• Sehen Sie Unsicherheit als kontinuierliche Lerngelegenheit. Jede neue Herausforderung bietet wertvolle Lektionen, die zur Entwicklung der Resilienz beitragen.

Selbstmitgefühl

• Üben Sie Selbstmitgefühl. Erkennen Sie an, dass der Umgang mit Unsicherheit herausfordernd sein kann, und seien Sie bereit, sich emotional in turbulenten Zeiten zu unterstützen.

Praktische Anwendungen

Am Ende dieses Abschnitts werden Sie bereit sein, der Unsicherheit mit einer resilienten Denkweise zu begegnen, sie nicht als Hindernis, sondern als wesentlichen Bestandteil des Problemlösungsprozesses zu betrachten. Seien Sie bereit, den Kurs anzupassen, wenn Veränderungen auftreten, und finden Sie Stärke in der Flexibilität und der Fähigkeit, sich an die dynamischen Herausforderungen der komplexen Problemlösungsreise anzupassen.

Kontinuierliches Lernen

Die Endlose Reise zur Exzellenz

Kontinuierliches Lernen ist der Leitstern, der den Weg der ständigen Evolution erhellt und jede Herausforderung in eine Gelegenheit zum Wachstum verwandelt. In diesem Abschnitt werden wir die Bedeutung dieser Denkweise und Strategien zur Integration des kontinuierlichen Lernens in Ihre Problemlösungsreise untersuchen.

Förderung der Neugier

Aktives Fragen

• Behalten Sie eine aktive Fragestellung bei. Neugier zu kultivieren bedeutet, niemals oberflächliche Antworten zu akzeptieren, sondern immer tiefer zu verstehen, was hinter den Herausforderungen steckt.

Erforschung neuer Themen

• Seien Sie offen für die Erkundung neuer Themen. Kontinuierliches Lernen beinhaltet oft das Verlassen der Komfortzone und das Umarmen neuer Wissensgebiete.

Anpassung an Veränderungen

Mentale Flexibilität

• Entwickeln Sie mentale Flexibilität. Seien Sie bereit, Ihre Überzeugungen und Strategien anzupassen, während Sie neues Wissen erwerben, und erkennen Sie, dass Evolution eine Konstante ist.

Akzeptanz von Feedback

- Akzeptieren Sie Feedback als wertvolles Werkzeug. Kontinuierliches Lernen bedeutet nicht nur, Informationen zu suchen, sondern auch offen für konstruktive Bewertungen zu sein, die das Wachstum fördern.

Fokus auf persönliche Entwicklung

Festlegung von Lernzielen

- Setzen Sie persönliche Lernziele. Bestimmen Sie spezifische Bereiche, in denen Sie wachsen möchten, und entwickeln Sie einen Plan, um die erforderlichen Fähigkeiten zu erwerben.

Nutzung von Bildungsressourcen

- Nutzen Sie verfügbare Bildungsressourcen. Online-Kurse, Bücher, Tutorials und Workshops sind wertvolle Werkzeuge, um Ihr Wissen zu erweitern.

Praktische Anwendung des Wissens

Praktische Projekte

- Setzen Sie Wissen in praktischen Projekten um. Kontinuierliches Lernen ist effektiver, wenn es kontextualisiert und in realen Situationen angewendet wird.

Wissen teilen

- Teilen Sie Wissen mit anderen. Lehren ist ein mächtiges Lernwerkzeug, da es ein tiefes Verständnis des Themas erfordert.

Resilienz im Lernen

Akzeptanz von Misserfolgen als Lernchancen

- Akzeptieren Sie Misserfolge als Lernmöglichkeiten. Resilienz im Lernen kommt von der Fähigkeit, konstruktive Lektionen aus Herausforderungen und Fehlern zu ziehen.

Beibehaltung einer positiven Einstellung

- Behalten Sie eine positive Einstellung gegenüber Herausforderungen bei. Jeden Hindernis als Gelegenheit zu sehen, um zu lernen und zu wachsen, trägt zur kontinuierlichen Resilienz bei.

Förderung einer Lern-Community

Teilnahme an Fachgemeinschaften

- Teilnehmen Sie an Fachgemeinschaften. Kontinuierliches Lernen wird bereichert, indem Sie mit anderen interagieren, die ähnliche Interessen und Herausforderungen teilen.

Netzwerken mit Experten

- Knüpfen Sie Kontakte zu Experten. Der Austausch von Ideen mit erfahrenen Personen erweitert Ihren Lernhorizont.

Praktische Anwendungen

Am Ende dieses Abschnitts werden Sie in der Denkweise des kontinuierlichen Lernens vertieft sein und jede Herausforderung als Gelegenheit zur Erweiterung Ihres Horizonts sehen. Seien Sie bereit, die endlose Reise zur Exzellenz zu umarmen, da ständige Evolution nicht nur eine Wahl, sondern der Schlüssel zum erfolgreichen Umgang mit den sich ständig verändernden Herausforderungen der komplexen Problemlösung ist.

Sich Erheben mit Grundlegenden Lebenskompetenzen

Die Reise durch die „Grundlegenden Lebenskompetenzen" hat ein inspirierendes und umfassendes Panorama offenbart, das die Bedeutung hervorhebt, ein Set von Fähigkeiten zu kultivieren, das über bloße technische Beherrschung hinausgeht. In diesem Kompendium haben wir wesentliche Facetten erkundet, die nicht nur die Problemlösung prägen, sondern auch eine erfüllte Lebensweise und eine erfolgreiche Karriere fundieren.

Bei der Betrachtung der **Effektiven Kommunikation** haben wir uns mit den Künsten der Klarheit, Assertivität, aktiven Zuhörens und nonverbalen Kommunikation beschäftigt. Diese Elemente erleichtern nicht nur die effektive Übermittlung von Ideen, sondern stärken auch zwischenmenschliche Verbindungen und bauen solide Grundlagen für bedeutungsvolle Beziehungen und Zusammenarbeit auf.

Der Einblick in die **Emotionale Intelligenz** hat die Kraft des Selbstbewusstseins, Selbstkontrolle, tiefer Empathie, sozialer Fähigkeiten und Praktiken wie Meditation und Achtsamkeit enthüllt. Diese Kompetenzen stärken nicht nur die emotionale Resilienz, sondern befähigen auch, komplexe Herausforderungen mit einer ausgewogenen Perspektive zu meistern.

Die **Problemlösung** hat die Bedeutung einer klaren Problembeschreibung, der Aufteilung in Komponenten, der Akzeptanz von Unsicherheit, der fundierten Entscheidungsfindung und der tiefgehenden Analyse hervorgehoben. Diese Fähigkeiten leiten nicht nur bei der effektiven Bewältigung von Herausforderungen, sondern bieten auch Werkzeuge, um durch die turbulenten Gewässer der Komplexität zu navigieren.

Schließlich wurde die Wertschätzung des **Kontinuierlichen Lernens** deutlich, wobei die Notwendigkeit betont wurde, Neugier, Anpassungsfähigkeit und die Praxis, aus jeder Erfahrung zu lernen, aufrechtzuerhalten. Diese Denkweise bereichert nicht nur die persönliche Reise, sondern trägt auch zum kollektiven Fortschritt bei, während wir Wissen teilen und Lern-Communities aufbauen.

Zusammen bilden diese Fähigkeiten eine harmonische Symphonie, die nicht nur dazu befähigt, Hindernisse zu überwinden, sondern auch inmitten ständiger Veränderungen zu gedeihen. Dieses Kompendium, „Grundlegende Lebenskompetenzen", ist mehr als ein Leitfaden; es ist eine Einladung, Grenzen zu überschreiten, Herausforderungen anzunehmen und eine Zukunft voller Erfüllung und Bedeutung zu gestalten.

Möge diese Fähigkeiten als Kompass auf Ihrer Reise dienen, Sie durch die unsicheren Gewässer des Lebens führen und Sie inspirieren, Höhen zu erreichen, die zuvor unerforscht waren. Durch die Kultivierung dieser grundlegenden Fähigkeiten überleben Sie nicht nur — Sie gedeihen, indem Sie sich auf neue Ebenen von Exzellenz und Beitrag zur Welt um Sie herum erheben.

Teil II

Berufliche Fähigkeiten

Das Potenzial der beruflichen Fähigkeiten Entschlüsseln

Auf der dynamischen Bühne der Arbeitswelt erfordert die ständige Metamorphose der Anforderungen und Herausforderungen eine solide und anpassungsfähige Vorbereitung. Dieses Kompendium, das den „Beruflichen Fähigkeiten" gewidmet ist, dient als umfassender Leitfaden, um erfolgreich durch die turbulenten Gewässer des modernen Arbeitsumfelds zu navigieren.

Berufliche Fähigkeiten haben die Ära isolierter technischer Kompetenzen überschritten; sie umfassen jetzt eine komplexe Symphonie von Fertigkeiten, die nicht nur die individuelle Leistung verbessern, sondern auch innovative und resiliente organisatorische Umgebungen fördern.

Während dieser Erkundung tauchen wir tief in die Kompetenzen ein, die für das Gedeihen in dynamischen Karrieren und die Führung von Organisationen zum Erfolg entscheidend sind. Von Führungs- und Kommunikationsfähigkeiten bis hin zur Beherrschung der Technologie und der Anpassungsfähigkeit ist jede Facette ein Pfeiler, der die berufliche Exzellenz stützt.

Bereiten Sie sich darauf vor, das Potenzial beruflicher Fähigkeiten zu entschlüsseln, da jedes Thema eine Reise durch wesentliche Kompetenzen, praktische Strategien und wertvolle Einblicke sein wird. Dieses Kompendium ist nicht nur ein Handbuch; es ist eine

Einladung, Ihre beruflichen Fähigkeiten auf neue Ebenen zu heben und eine solide Grundlage für eine Karriere voller Erfolge und Bedeutung zu schaffen. Begleiten Sie uns auf dieser Reise, bei der die Suche nach beruflicher Exzellenz zu einer unvergesslichen Reise des kontinuierlichen Lernens und Wachstums wird.

Soft Skills am Arbeitsplatz

Die Kunst der zwischenmenschlichen Fähigkeiten in der Karriere

In einem zunehmend vernetzten und dynamischen beruflichen Umfeld treten die sogenannten „Soft Skills" (zwischenmenschliche Fähigkeiten) als die Grundlagen hervor, die den Erfolg und die Karriereentwicklung stützen. Während technische Fähigkeiten die notwendige Expertise für die Durchführung spezifischer Aufgaben bieten, sind es die Soft Skills, die über die alltägliche Interaktion hinausgehen und das Arbeitsumfeld erheblich beeinflussen.

Effektive Kommunikation

• Im Zentrum der Soft Skills steht die Fähigkeit zur effektiven Kommunikation. Klarheit beim Ausdruck von Ideen, die Fähigkeit zu aktivem Zuhören und Assertivität bauen solide Brücken in der Zusammenarbeit, was ein produktiveres und kohärenteres Arbeitsumfeld fördert.

Teamarbeit

• Erfolg ist oft eine gemeinsame Anstrengung, und zwischenmenschliche Fähigkeiten spielen eine wesentliche Rolle in der Teamarbeit. Die Fähigkeit zur Zusammenarbeit, das Teilen von Ideen und das Anerkennen der Beiträge anderer stärken nicht nur die Bindungen zwischen Kollegen, sondern treiben auch die Erreichung gemeinsamer Ziele voran.

Konfliktlösung

• Konflikte sind unvermeidlich, aber die Kompetenz in der Konfliktlösung ist eine Soft Skill, die Herausforderungen in Chancen verwandelt. Die Fähigkeit, Differenzen mit Empathie und Diplomatie zu managen, bewahrt nicht nur das Gleichgewicht am Arbeitsplatz, sondern fördert auch Wachstum und Innovation.

Emotionale Intelligenz

• Das Verständnis und das Management der eigenen Emotionen sowie der Emotionen anderer ist ein herausragendes Merkmal der Soft Skills. Emotionale Intelligenz fördert ein Umfeld, in dem Empathie und Verständnis geschätzt werden, was zur Schaffung gesunder Beziehungen und einer positiven Unternehmenskultur beiträgt.

Anpassungsfähigkeit

• Das schnelle Tempo der modernen Geschäftswelt erfordert eine wesentliche Fähigkeit: Anpassungsfähigkeit. Fachleute, die sich flexibel und mit einer offenen Einstellung an Veränderungen anpassen können, gedeihen nicht nur in dynamischen Umfeldern, sondern werden auch zu Veränderungsagenten innerhalb ihrer Organisationen.

Einflussreiche Führung

• Soft Skills sind das Rückgrat effektiver Führung. Eine Team zu inspirieren und zu motivieren, Verantwortlichkeiten geschickt zu delegieren und Entscheidungen mit Empathie zu treffen, sind

Elemente, die wirklich einflussreiche Führungskräfte auszeichnen.

Zusammenfassend lässt sich sagen, dass Soft Skills über das technische Curriculum hinausgehen und tiefgreifende Auswirkungen auf die berufliche Laufbahn haben. Da die menschliche Interaktion weiterhin ein zentrales Element in der Geschäftswelt bleibt, ist es nicht nur wünschenswert, sondern essenziell, diese zwischenmenschlichen Fähigkeiten zu kultivieren und zu verbessern, um langfristigen beruflichen Erfolg zu sichern. Dieses Kapitel ist eine Einladung, diese Fähigkeiten zu erkunden und zu stärken, wobei anerkannt wird, dass die Meisterung der Soft Skills eine mächtige Schlüssel zur persönlichen und organisatorischen Exzellenz ist.

Effektive Kommunikation

Die Kraft der Klarheit und Verbindung im Arbeitsumfeld

Im Arbeitsumfeld erweist sich die Fähigkeit zur effektiven Kommunikation als eine treibende Kraft, die die organisatorische Dynamik gestaltet und den individuellen Erfolg vorantreibt. Effektive Kommunikation geht über den reinen Austausch von Informationen hinaus; sie besteht darin, Brücken zu bauen, gegenseitiges Verständnis zu fördern und Beziehungen zu pflegen, die das soziale Gefüge des Arbeitsplatzes stärken.

Klarheit in der Ausdrucksweise

• Die Grundlage der effektiven Kommunikation liegt in der Klarheit. Die Fähigkeit, Ideen eindeutig zu artikulieren, vermeidet nicht nur Missverständnisse, sondern ermöglicht es auch, dass Nachrichten so empfangen und verstanden werden, wie beabsichtigt. Fachleute, die Klarheit in der Ausdrucksweise beherrschen, können ihre Absichten überzeugend vermitteln.

Aktives Zuhören

• Kommunikation ist nicht eindimensional; aktives Zuhören spielt eine entscheidende Rolle. Aufmerksamkeit beim Zuhören zeigt nicht nur Respekt gegenüber dem Gesprächspartner, sondern bereichert auch das Verständnis, was eine fundiertere Antwort ermöglicht. Fachleute, die aktives Zuhören praktizieren, bauen stärkere Beziehungen auf und können Probleme proaktiv antizipieren und lösen.

Durchsetzungsvermögen

• Durchsetzungsvermögen ist ein Schlüsselkomponente der effektiven Kommunikation. Ideen, Bedürfnisse oder Anliegen direkt und respektvoll auszudrücken fördert eine Kultur, in der sich Fachleute befähigt fühlen, ihren Beitrag zu leisten und ihre Sichtweisen zu teilen. Durchsetzungsvermögen trägt auch zur konstruktiven Lösung von Konflikten bei.

Anpassung an das Publikum

• Das Verständnis des Zielpublikums ist eine wertvolle Fähigkeit in der effektiven Kommunikation. Fachleute, die ihre Botschaft entsprechend dem Publikum anpassen, unter Berücksichtigung des Wissensstandes, der Bedürfnisse und Erwartungen, stellen sicher, dass die Kommunikation relevant und wirkungsvoll ist.

Nutzung unterschiedlicher Medien

• In einer Umgebung, in der die Vielfalt der Kommunikationsmittel groß ist, ist die Fähigkeit, den geeigneten Kanal auszuwählen, entscheidend. Sei es durch persönliche Meetings, E-Mails, Instant Messaging oder andere Plattformen, die Wahl des richtigen Mediums erhöht die Effektivität der Kommunikation.

Konstruktives Feedback

• Feedback ist eine zweiseitige Straße in der effektiven Kommunikation. Konstruktives Feedback, das sich auf Entwicklung und Verbesserung konzentriert, schafft eine Umgebung des kontinuierlichen Lernens. Die

Fähigkeit, Feedback konstruktiv zu geben und zu empfangen, ist ein Markenzeichen kommunikativ kompetenter Fachleute.

In einer Welt, in der Kommunikation der Katalysator des Fortschritts ist, ist die Entwicklung der Fähigkeiten, die die effektive Kommunikation ausmachen, nicht nur eine Wahl, sondern eine zwingende Notwendigkeit. Dieses Thema ist eine Einladung, diese wesentliche Fähigkeit zu erforschen und zu verbessern, und sie als eine wesentliche Hebelwirkung für den Erfolg am Arbeitsplatz und den Aufbau langfristiger beruflicher Beziehungen anzuerkennen.

Teamarbeit

Die Symphonie der produktiven Zusammenarbeit im beruflichen Umfeld

Im dynamischen und vernetzten Umfeld der modernen Arbeitswelt tritt Teamarbeit als treibende Kraft hervor, die Innovation vorantreibt, Kreativität fördert und die organisatorische Resilienz stärkt. Mehr als nur die Zusammenführung individueller Fähigkeiten ist Teamarbeit eine Symphonie, bei der jedes Mitglied mit seinen einzigartigen Noten zur Schaffung einer harmonischen Melodie von Erfolgen beiträgt.

Zusammenarbeit und Ergänzung

- Der Kern der Teamarbeit liegt in der effektiven Zusammenarbeit. Teammitglieder teilen nicht nur Verantwortlichkeiten, sondern ergänzen auch die Fähigkeiten der anderen. Die Vielfalt an Perspektiven und Fähigkeiten ist die treibende Kraft, die das Team auf neue Ebenen hebt.

Transparente Kommunikation

- Transparente Kommunikation ist der Kitt, der das Team zusammenhält. Informationen offen zu teilen, alle Mitglieder auf dem Laufenden zu halten und ein Umfeld zu fördern, in dem sich jeder wohlfühlt, seine Ideen auszudrücken, tragen zum Aufbau einer soliden Basis bei.

Klare Zieldefinition

- Ein effektives Team hat klar definierte Ziele. Jedes Mitglied versteht seinen Beitrag zur Erreichung der gemeinsamen Ziele. Die klare Definition von Zielen lenkt das Team nicht nur, sondern motiviert auch die Mitglieder, auf ein gemeinsames Ziel hinzuarbeiten.

Respekt vor Vielfalt

- Vielfalt ist ein Trumpf in der Teamarbeit. Die Achtung kultureller, erfahrungsbezogener und perspektivischer Unterschiede bereichert den Entscheidungsprozess und fördert die Kreativität. Ein Umfeld, das Vielfalt feiert, schafft ein widerstandsfähigeres und anpassungsfähigeres Team.

Kollaborative Konfliktlösung

- Konflikte sind unvermeidlich, aber ein effektives Team weiß, wie man sie in Chancen verwandelt. Die kollaborative Konfliktlösung, die auf Dialog und gegenseitigem Verständnis basiert, überwindet nicht nur Herausforderungen, sondern stärkt auch die Bindungen zwischen den Teammitgliedern.

Anerkennung und Feier

- Erfolge, ob groß oder klein, anzuerkennen und zu feiern, ist ein wesentlicher Bestandteil der Teamarbeit. Anerkennung validiert nicht nur individuelle Bemühungen, sondern stärkt auch den Teamgeist und fördert eine Kultur der gegenseitigen Unterstützung.

Durch die Investition in die Entwicklung der Teamarbeit schaffen Organisationen ein Umfeld, in dem Synergie mehr als nur ein Ziel ist; sie ist eine greifbare Realität. Dieses Kapitel ist eine Einladung, die Fähigkeiten zu erkunden und zu verbessern, die Teamarbeit nicht nur zu einer Strategie, sondern zu einer Philosophie machen, die den kollektiven Erfolg in der komplexen beruflichen Welt vorantreibt. Durch das Verständnis und die Wertschätzung der Bedeutung der Teamarbeit wird jeder Fachmann zu einem Dirigenten im Orchester des organisatorischen Fortschritts.

Konfliktlösung

Herausforderungen in Wachstumschancen verwandeln

Auf der dynamischen Bühne des beruflichen Umfelds sind Konflikte unvermeidlich. Die wahre Meisterschaft liegt jedoch in der Fähigkeit, diese Konflikte in konstruktive Chancen zu verwandeln. Konfliktlösung ist nicht nur eine Fähigkeit; es ist eine Kunst, die über die bloße Minderung von Missverständnissen hinausgeht und zu einem Werkzeug wird, um Beziehungen zu stärken und das kollektive Wachstum voranzutreiben.

Verständnis der Wurzeln des Konflikts

• Der erste Schritt zur effektiven Konfliktlösung besteht darin, die Wurzeln des Konflikts zu verstehen. Dazu gehört es, die zugrunde liegenden Ursachen zu erkunden, divergierende Perspektiven zu identifizieren und die beteiligten Emotionen zu erkennen. Durch ein tiefes Verständnis des Konflikts kann man ihn gezielter angehen.

Empathische Kommunikation

• Empathische Kommunikation ist ein Schlüssel zur Konfliktlösung. Empathie auszudrücken, aufmerksam zuzuhören und die Emotionen der Beteiligten zu validieren schafft eine Grundlage für gegenseitiges Verständnis. Fachleute, die empathische Kommunikation pflegen, bauen Brücken über die turbulenten Gewässer von Missverständnissen.

Kollaborativer Ansatz

• Anstatt den Konflikt als Kampf zu sehen, zielt ein kollaborativer Ansatz darauf ab, Lösungen zu finden, die den Interessen aller beteiligten Parteien gerecht werden. Gemeinsame Grundlagen zu suchen und zusammen auf Antworten hin zu arbeiten löst nicht nur den unmittelbaren Konflikt, sondern stärkt auch zukünftige Beziehungen.

Aktives Zuhören und Respekt

• Aktives Zuhören ist ein wertvolles Instrument bei der Konfliktlösung. Den Parteien Raum zu geben, ihre Perspektiven zu äußern, und vor allem diese Meinungen zu respektieren, fördert ein Umfeld, in dem Unterschiede geschätzt werden. Gegenseitiger Respekt ist der Kleber, der dauerhafte Lösungen vereint.

Fokus auf Lösungen, nicht auf Schuldzuweisungen

• Eine konstruktive Herangehensweise an die Konfliktlösung konzentriert sich auf die Suche nach Lösungen und nicht auf die Zuweisung von Schuld. Anstatt sich auf vergangene Fehler zu fixieren, lenken effektive Fachleute ihre Energie auf die Identifizierung von Wegen, um voranzukommen und sich zu verbessern.

Kontinuierliches Lernen

• Jeder Konflikt bringt eine wertvolle Lektion mit sich. Fachleute, die Herausforderungen als Möglichkeiten zum kontinuierlichen Lernen betrachten, lösen nicht nur die unmittelbaren Konflikte, sondern stärken auch ihre Fähigkeiten im Umgang mit zukünftigen Missverständnissen.

Indem Fachleute die Konfliktlösung als Gelegenheit zum Wachstum betrachten, überwinden sie nicht nur momentane Herausforderungen, sondern tragen auch zur Schaffung eines widerstandsfähigeren und kollaborativeren Arbeitsumfelds bei. Dieses Kapitel ist eine Einladung, die Kunst der Transformation von Konflikten in Sprungbretter für individuelle und kollektive Entwicklung zu erkunden und zu verfeinern. Durch das Verständnis, dass Konflikte unvermeidlich sind, ihre effektive Handhabung jedoch eine Wahl ist, wird jeder Fachmann zu einem Architekten positiver Beziehungen und eines konstruktiven Arbeitsumfelds.

Emotionale Intelligenz

Durch die Gezeiten der Emotionen zum beruflichen Erfolg navigieren

Emotionale Intelligenz, oft als EI (Emotionale Intelligenz) bezeichnet, ist ein Leitfaden für Fachleute, um durch komplexe emotionale Gewässer zu navigieren, und bietet die notwendige Klarheit, um sich durch die Gezeiten des beruflichen Umfelds zu bewegen. Mehr als nur das Kontrollieren von Emotionen umfasst emotionale Intelligenz das Verständnis, das Management und die effektive Nutzung von Emotionen, um beruflichen Erfolg zu erzielen und starke Beziehungen aufzubauen.

Selbstkenntnis

• Das Fundament der emotionalen Intelligenz ist die Selbstkenntnis. Fachleute, die ihre eigenen Emotionen verstehen, haben eine klare Vorstellung davon, wie diese Emotionen ihr Handeln und ihre Entscheidungsfindung beeinflussen. Dieses Bewusstsein bietet eine solide Basis für persönliche und berufliche Entwicklung.

Selbstkontrolle

• Selbstkontrolle ist die Fähigkeit, die eigenen Emotionen konstruktiv zu managen. In Zeiten von Druck oder Widrigkeiten können Fachleute mit hoher emotionaler Intelligenz Ruhe bewahren, wohlüberlegte Entscheidungen treffen und impulsive Reaktionen vermeiden. Diese Fähigkeit fördert ein stabiles und produktives Arbeitsumfeld.

Tiefes Einfühlungsvermögen

- Einfühlungsvermögen ist die Fähigkeit, die Emotionen anderer zu verstehen und zu fühlen. Fachleute mit tiefem Einfühlungsvermögen erkennen nicht nur die emotionalen Erfahrungen ihrer Kollegen, sondern reagieren auch angemessen, wodurch starke Beziehungen aufgebaut und ein kollaboratives Arbeitsumfeld gefördert werden.

Soziale Fähigkeiten

- Soziale Fähigkeiten sind der äußere Ausdruck emotionaler Intelligenz. Dazu gehört die Fähigkeit, effektiv zu kommunizieren, Konflikte zu lösen, andere zu inspirieren und zu beeinflussen. Fachleute mit starken sozialen Fähigkeiten bauen solide Beziehungnetzwerke auf und sind häufig Katalysatoren für positive Veränderungen in Organisationen.

Meditation und Achtsamkeit

- Meditation und Achtsamkeit sind mächtige Werkzeuge im Werkzeugkasten der emotionalen Intelligenz. Praktiken, die Achtsamkeit fördern, helfen Fachleuten, sich vom äußeren Tumult zu lösen, sich auf die Gegenwart zu konzentrieren und geistige Klarheit zu kultivieren. Dies reduziert nicht nur Stress, sondern stärkt auch die emotionale Resilienz.

Emotionale Intelligenz ist nicht nur eine wünschenswerte Qualität; sie ist eine wesentliche Kompetenz für den beruflichen Erfolg. Fachleute, die diese Fähigkeit meistern, managen nicht nur ihre eigenen Emotionen effektiv, sondern tragen auch zum Aufbau gesunder Unternehmenskulturen bei. Dieses

Kapitel ist eine Einladung, emotionale Intelligenz zu erkunden und weiterzuentwickeln, und erkennt sie als wertvollen Kompass, der Fachleute durch emotionale Komplexitäten führt und sie befähigt, emotionale Balance und langfristigen Erfolg zu erreichen.

Anpassungsfähigkeit

Durch die Wellen des Wandels mit beruflicher Resilienz navigieren

Im dynamischen und volatilen Umfeld der heutigen Arbeitswelt ist Anpassungsfähigkeit ein Schatz, der es Fachleuten ermöglicht, nicht nur zu überleben, sondern auch vor den unaufhörlichen Wellen des Wandels zu gedeihen. Mehr als nur eine Fähigkeit ist Anpassungsfähigkeit eine Denkweise, die Fachleute befähigt, neue Herausforderungen mit Resilienz anzugehen, aus jeder Erfahrung zu lernen und kontinuierlich als Antwort auf die Veränderungen im Arbeitsumfeld zu wachsen.

Flexibilität des Denkens

- Anpassungsfähigkeit beginnt mit der Flexibilität des Denkens. Anpassungsfähige Fachleute sind in der Lage, starre Denkweisen abzulegen und verschiedene Perspektiven anzunehmen. Diese Flexibilität im Denken ermöglicht nicht nur die Akzeptanz des Wandels, sondern erleichtert auch die Suche nach innovativen Chancen.

Bereitschaft zu Lernen

- Anpassungsfähigkeit ist eng mit der Bereitschaft verbunden, kontinuierlich zu lernen. Fachleute, die den Wandel annehmen, sehen jede neue Situation als Gelegenheit zum Wachstum. Sie sind bereit, neue Fähigkeiten zu erwerben, neues Wissen zu assimilieren und sich an die sich entwickelnden Anforderungen des beruflichen Umfelds anzupassen.

Resilienz gegenüber Widrigkeiten

- Resilienz ist eine wesentliche Facette der Anpassungsfähigkeit. Widrigkeiten mit Resilienz zu begegnen, stärkt nicht nur die Fähigkeit, mit Herausforderungen umzugehen, sondern fördert auch eine positive Denkweise, die Kollegen inspiriert und zu einer robusten Unternehmenskultur beiträgt.

Schnelle Bewertung von Situationen

- Anpassungsfähige Fachleute sind flink in der Bewertung neuer Situationen. Sie können die Nuancen eines sich verändernden Umfelds schnell verstehen und ihre Herangehensweisen entsprechend anpassen. Diese Fähigkeit ist in sich schnell entwickelnden Kontexten wertvoll, wo die Fähigkeit zur sofortigen Anpassung entscheidend ist.

Innovation und Kreativität

- Anpassungsfähigkeit fördert Innovation und Kreativität. Fachleute, die den Wandel annehmen, sind eher geneigt, neue Ideen zu erforschen, innovative Ansätze auszuprobieren und zur kontinuierlichen Weiterentwicklung ihrer Organisationen beizutragen.

Prioritätenmanagement in dynamischen Umfeldern

- Dynamische Umfelder erfordern häufig eine effektive Priorisierung von Aufgaben. Anpassungsfähige Fachleute wissen, wie sie Aufgaben schnell und effizient identifizieren und priorisieren, um sicherzustellen, dass sie sich auf das konzentrieren, was für den Erfolg in einem sich ständig wandelnden Umfeld am wichtigsten ist.

Indem sie verstehen, dass die einzige Konstante in der Arbeitswelt der Wandel ist, überleben anpassungsfähige Fachleute nicht nur, sondern gedeihen in dynamischen Umfeldern. Dieses Thema lädt Sie ein, Anpassungsfähigkeit als zentrale Fähigkeit zu erkunden und zu kultivieren, und erkennt sie als Schlüssel für Nachhaltigkeit und langfristigen Erfolg im sich ständig weiterentwickelnden beruflichen Umfeld an. Indem sie den Wandel als Gelegenheit zum Wachstum annehmen, wird jeder Fachmann zu einem proaktiven Agenten, der mit Vertrauen und Resilienz durch die Wellen der Transformation navigiert.

Einflussreiche Führung

Den Weg zum kollektiven Erfolg ebnen

Einflussreiche Führung geht über einfache Autorität hinaus; sie ist eine Qualität, die inspiriert, motiviert und andere in Richtung kollektiven Erfolgs lenkt. Fachleute, die eine einflussreiche Führung ausüben, erreichen organisatorische Ziele und fördern gleichzeitig Arbeitsumgebungen, in denen Innovation, Zusammenarbeit und Wachstum gedeihen. Lassen Sie uns die wesentlichen Elemente der einflussreichen Führung erkunden.

Klar und inspirierende Vision:

- Das Fundament einflussreicher Führung ist eine klare und inspirierende Vision. Führungskräfte artikulieren eine Vision, die über das unmittelbare Ziel hinausgeht, und inspirieren andere, das große Ganze zu sehen und an den höheren Zweck der Organisation zu glauben.

Empathie und Verständnis

- Empathie ist ein zentraler Pfeiler einflussreicher Führung. Führungskräfte, die ihre Teams emotional verstehen und sich verbinden, schaffen tiefere und bedeutungsvollere Beziehungen. Diese Verbindung fördert das Engagement und stärkt den Zusammenhalt des Teams.

Überzeugende Kommunikation

- Die Fähigkeit, überzeugend zu kommunizieren, ist ein Unterschiedsmerkmal einflussreicher Führung. Effektive Führungskräfte vermitteln nicht nur

Informationen, sondern können auch Ideen auf ansprechende Weise artikulieren, was zu Handlungen und Engagement inspiriert.

Durchsetzungsfähige Entscheidungsfindung

• Die Durchsetzungsfähigkeit bei der Entscheidungsfindung ist ein markantes Merkmal einflussreicher Führungskräfte. Die Fähigkeit, Situationen schnell zu bewerten, wohlüberlegte Entscheidungen zu treffen und diese mit Vertrauen zu kommunizieren, inspiriert Vertrauen in die Teams und schafft eine klare Richtung.

Delegationsfähigkeit

• Einflussreiche Führungskräfte verstehen die Bedeutung der Delegation von Verantwortung. Durch die Ermächtigung der Teammitglieder, die Verteilung von Aufgaben und die Förderung der Autonomie unterstützen Führungskräfte das individuelle und kollektive Wachstum.

Kontinuierliche Teamentwicklung

• Die Investition in die kontinuierliche Entwicklung des Teams ist eine Priorität für einflussreiche Führungskräfte. Dieser Ansatz verbessert nicht nur die individuellen Fähigkeiten, sondern stärkt auch die kollektiven Fähigkeiten und bereitet das Team auf zukünftige Herausforderungen vor.

Integrität und Transparenz

• Integrität und Transparenz sind Grundpfeiler einflussreicher Führung. Führungskräfte, die ehrlich, ethisch und transparent handeln, bauen dauerhaftes Vertrauen auf und schaffen ein Umfeld, in dem sich die Teammitglieder sicher fühlen, zu innovieren und zusammenzuarbeiten.

Anpassungsfähigkeit

- Einflussreiche Führung ist nicht statisch; sie ist anpassungsfähig. Führungskräfte, die die Dynamik des Arbeitsumfelds erkennen und ihre Ansätze nach Bedarf anpassen, zeigen Resilienz und inspirieren dieselbe Flexibilität in ihren Teams.

Einflussreiche Führung ist eine kontinuierliche Reise des persönlichen Wachstums und des positiven Einflusses auf Organisationen. Dieses Thema ist ein Anreiz, die Eigenschaften zu erkunden und zu entwickeln, die echte einflussreiche Führungskräfte auszeichnen. Indem Fachleute eine Führung übernehmen, die über die formale Position hinausgeht, werden sie zu Katalysatoren des Wandels, bauen lebendige Unternehmenskulturen auf und erreichen kollektiven Erfolg.

Das Navigieren durch die Strömungen der Karriere mit Soft Skills

Beim Erforschen der Nuancen der Soft Skills am Arbeitsplatz wird deutlich, dass diese zwischenmenschlichen Fähigkeiten nicht nur angenehme Extras sind, sondern die Zahnräder, die den Motor des beruflichen Erfolgs antreiben. Sie prägen nicht nur den individuellen Weg, sondern auch die kollektive Landschaft visionärer Organisationen.

Die zwischenmenschlichen Fähigkeiten, von effektiver Kommunikation bis hin zur Konfliktlösung, bilden das Rückgrat gesunder und produktiver Arbeitsumgebungen. Fachleute, die mit diesen Fähigkeiten ausgestattet sind, führen nicht nur Aufgaben aus, sondern schaffen Synergien, arbeiten effektiv zusammen und fördern eine Kultur, in der Menschen gedeihen.

Im dynamischen Geflecht moderner Karrieren sind Soft Skills kein Luxus, sondern eine vitale Notwendigkeit. Sie überschreiten die Grenzen des technischen Curriculums und befähigen Fachleute dazu, einflussreiche Führungskräfte, wertvolle Mitglieder dynamischer Teams und Veränderungsagenten in sich ständig weiterentwickelnden Organisationen zu werden.

Durch die kontinuierliche Investition in die Entwicklung dieser zwischenmenschlichen Fähigkeiten avancieren Fachleute nicht nur in ihren Karrieren, sondern tragen auch zur Schaffung von Arbeitsumgebungen bei, die in der Komplexität der modernen Berufswelt gedeihen. Die Reise der Soft Skills ist nicht nur eine Suche nach Fähigkeiten; sie ist eine Reise hin zu einer Karriere, die über die individuelle Verwirklichung hinausgeht und zu einer stetigen Quelle positiven Einflusses wird.

So kommen wir zu dem Schluss, dass Soft Skills nicht nur eine angenehme Ergänzung sind, sondern Fähigkeiten, die Fachleute bei der Gestaltung einer erfolgreichen Karriere leiten. Möge jeder Fachmann die transformative Kraft dieser zwischenmenschlichen Fähigkeiten erkennen und sie mit Hingabe pflegen, denn wahrhaftig sind es die Soft Skills, die eine Karriere zu einer unvergesslichen und bedeutungsvollen Reise machen.

Relevante Hard Skills

Die präzise Ingenieurskunst zum Aufbau des Berufswegs

Auf der Baustelle der beruflichen Karriere sind Hard Skills die scharfen und spezialisierten Werkzeuge, die den Weg zum Erfolg ebnen. Diese technischen Fähigkeiten sind die Bausteine, die die beruflichen Ambitionen stützen und formen und es den Fachleuten ermöglichen, bedeutende Beiträge in ihren Arbeitsfeldern zu leisten.

Technische Spezialisierung

- Die Grundlage der Hard Skills liegt in der technischen Spezialisierung. Fachleute, die die spezifischen Fähigkeiten für ihre Arbeitsbereiche beherrschen, heben sich als Experten in ihren Gebieten hervor. Diese Spezialisierung fördert nicht nur die Effizienz, sondern öffnet auch Türen zu fortgeschritteneren Möglichkeiten.

Beherrschung von Werkzeugen und Technologien

- Die ständige Weiterentwicklung der Technologie erfordert, dass Fachleute auf dem neuesten Stand bleiben und in den relevanten Werkzeugen und Plattformen ihrer Branchen versiert sind. Die Beherrschung neuer Technologien verbessert nicht nur die Produktivität, sondern positioniert die Fachleute auch an der Spitze der Innovation.

Analytische Fähigkeiten und Problemlösungskompetenz

• Scharfe analytische Fähigkeiten sind ein wesentlicher Bestandteil der Hard Skills. Fachleute, die komplexe Daten interpretieren, Muster erkennen und effektive Lösungen entwickeln können, sind wertvolle Assets in Umfeldern, in denen informierte Entscheidungsfindung entscheidend ist.

Kompetenzen in Programmierung und Softwareentwicklung

• In einer zunehmend digitalen Welt ist die Kompetenz in Programmierung und Softwareentwicklung eine besonders relevante Hard Skill. Fachleute, die Systeme entwickeln, pflegen und verbessern können, sind entscheidend für die betriebliche Effizienz und den Erfolg vieler Organisationen.

Projektmanagement

• Die Fähigkeit, Projekte effizient zu managen, ist eine Hard Skill, die über verschiedene Sektoren hinausgeht. Fachleute, die Projektmanagement-Methoden vom Planen über das Ausführen bis zur Evaluierung beherrschen, sind unerlässlich, um sicherzustellen, dass die Ziele innerhalb der festgelegten Zeitrahmen erreicht werden.

Spezialwissen in Compliance und Regulierung

• In stark regulierten Branchen ist spezialisiertes Wissen in Compliance und Regulierung eine kritische Hard Skill. Fachleute, die die rechtlichen Komplexitäten verstehen und sicherstellen, dass ihre

Organisationen konform sind, spielen eine zentrale Rolle bei der Risikominderung.

Kompetenzen in Design und Kreativität

• Auch in technischen Bereichen ist die kreative Fähigkeit und das Design eine wertvolle Hard Skill. Fachleute, die innovative Lösungen entwickeln können, von Produktdesigns bis hin zu Marketingstrategien, bringen eine Dimension von ästhetischer und funktionaler Exzellenz ein.

Die Entwicklung und Verfeinerung von Hard Skills ist eine kontinuierliche Reise der technischen Weiterbildung und beruflichen Evolution. Diese Fähigkeiten festigen nicht nur die berufliche Basis, sondern verleihen den Fachleuten auch das notwendige Vertrauen, um komplexe Herausforderungen in ihren spezifischen Bereichen zu meistern. Durch die Balance zwischen spezialisierten technischen Fähigkeiten und zwischenmenschlichen Kompetenzen bauen Fachleute eine robuste und dynamische berufliche Laufbahn auf und gestalten nicht nur ihre Karrieren, sondern auch die Perspektiven ihrer Branchen.

Technische Spezialisierung

Die Meisterschaft, die den außergewöhnlichen Fachmann definiert

Die technische Spezialisierung ist die Kunst, sich in die Komplexitäten eines spezifischen Bereichs zu vertiefen und die Oberfläche des Wissens zu überwinden, um ein Meister auf einem Fachgebiet zu werden. Es ist die Meisterschaft, die den außergewöhnlichen Fachmann definiert und ein solides Fundament für eine bedeutende und einflussreiche Karriere schafft.

Tiefgehendes Wissen im Fachgebiet

• Die technische Spezialisierung impliziert ein tiefgehendes und umfassendes Wissen in einem spezifischen Bereich. Fachleute, die sich der Detailgenauigkeit ihrer Disziplin widmen, sind besser in der Lage, komplexe Herausforderungen zu meistern und bedeutende Beiträge zu ihren Sektoren zu leisten.

Ständige Aktualisierung neuer Technologien und Praktiken

• Exzellenz in der technischen Spezialisierung erfordert ein kontinuierliches Engagement für die Aktualisierung. In Bereichen, in denen die Technologie schnell voranschreitet, sind spezialisierte Fachleute stets voraus, indem sie neue Technologien, Methoden und Best Practices in ihr Wissen integrieren.

Lösung spezifischer Probleme

• Spezialisierte Fachleute sind geschickt in der Lösung spezifischer Probleme, die mit ihrem Fachbereich zusammenhängen. Sie haben die Fähigkeit, einzigartige Herausforderungen zu identifizieren und anzugehen, wobei sie oft innovative Lösungen bieten, die die Effizienz und operative Exzellenz vorantreiben.

Beitrag zum Fortschritt des Fachbereichs

• Echte Spezialisierung geht über die Anwendung des Wissens hinaus; sie umfasst auch den Beitrag zum Fortschritt des eigenen Bereichs. Spezialisierte Fachleute spielen oft eine entscheidende Rolle in der Forschung, der Entwicklung neuer Methoden und der Festlegung zukünftiger Richtungen für ihre Disziplinen.

Anerkennung als Autorität im Bereich

• Technische Meisterschaft führt zur Anerkennung als Autorität im Bereich. Spezialisierte Fachleute werden für ihre einzigartigen Einsichten und Perspektiven gesucht und werden zu angesehenen Referenzen in ihren Branchen.

Entwicklung maßgeschneiderter Lösungen

• Technische Spezialisierung ermöglicht es Fachleuten, maßgeschneiderte Lösungen zu entwickeln, die den spezifischen Anforderungen ihres Bereichs entsprechen. Dies erhöht nicht nur die Effizienz, sondern fördert auch Innovationen und schafft einen Wettbewerbsvorteil.

Nachhaltiger Einfluss auf die Organisation

• Spezialisierte Fachleute hinterlassen einen nachhaltigen Einfluss auf ihre Organisationen. Ihre Erfahrung ist häufig ein Katalysator für den Erfolg und beeinflusst nicht nur Einzelprojekte, sondern auch die Unternehmenskultur und die strategische Ausrichtung.

Die technische Spezialisierung ist nicht nur ein Etikett; es ist ein Lebensengagement für Exzellenz und ständige Weiterentwicklung. Während Fachleute in die Nuancen ihrer Disziplinen eintauchen, werden sie zu Architekten bedeutender Veränderungen und gestalten nicht nur ihre eigenen Karrieren, sondern auch die Wissenshorizonte in ihren spezifischen Bereichen. Technische Spezialisierung ist wahrhaftig das Markenzeichen des herausragenden Fachmanns, der ein Erbe von Einfluss und Innovation in seiner beruflichen Reise schafft.

Fähigkeiten in Werkzeugen und Technologien

Die Begleitung eines sich ständig weiterentwickelnden Universums

Im dynamischen Panorama der Berufskarrieren erscheint die **Fähigkeit in Werkzeugen und Technologien** als eine wesentliche Orientierungshilfe, die Fachleute durch das weitreichende Universum von Innovationen und Lösungen führt, die die Effizienz in der heutigen Zeit definieren. Fähig zu sein bedeutet nicht nur, Werkzeuge zu beherrschen; es bedeutet, ihren Zweck zu verstehen, sie strategisch zu integrieren und, noch wichtiger, mit ihnen zu evolvieren.

Verfolgung der neuesten Trends

• Fachleute, die über umfassende Kenntnisse in Werkzeugen und Technologien verfügen, sind immer auf dem neuesten Stand der Entwicklungen. Diese Fähigkeit, aktuell zu bleiben, garantiert nicht nur Relevanz, sondern positioniert Fachleute auch an der Spitze der Innovation in ihren Bereichen.

Schnelle Anpassung an neue Plattformen

• Die Geschwindigkeit, mit der neue Plattformen eingeführt werden, erfordert eine entscheidende Fähigkeit: die Fähigkeit, sich schnell anzupassen. Fachleute mit hoher Kompetenz für Werkzeuge haben keine Angst vor neuen Schnittstellen; sie nutzen die Gelegenheit, neue Werkzeuge schnell zu erforschen und in ihr Repertoire aufzunehmen.

Verbesserte betriebliche Effizienz

- Die Fähigkeit in Werkzeugen und Technologien ist nicht nur ein Vorteil, sondern ein Effizienzverstärker. Fachleute, die die spezifischen Werkzeuge ihres Fachgebiets umfassend kennen, können komplexe Aufgaben schneller und effizienter erledigen, was die Produktivität und die Arbeitsqualität steigert.

Problemlösung in technologischen Umgebungen

- Technologische Umgebungen stellen häufig einzigartige Herausforderungen. Fachleute, die in Werkzeugen und Technologien versiert sind, nutzen die Werkzeuge nicht nur für routinemäßige Aufgaben, sondern haben auch die Fähigkeit, Probleme zu lösen, wenn etwas nicht wie erwartet läuft, um einen reibungslosen Betrieb zu gewährleisten.

Integration von Werkzeugen für ganzheitliche Lösungen

- Echte Kompetenz geht über die isolierte Nutzung von Werkzeugen hinaus; sie umfasst die strategische Integration, um ganzheitliche Lösungen zu schaffen. Fachleute, die verschiedene Werkzeuge erfolgreich integrieren, sind Architekten kohärenter Systeme, die Synergie und Effektivität maximieren.

Beitrag zur organisatorischen Innovation

- Fachleute mit umfassender Kompetenz werden oft zu Innovationstreibern in ihren Organisationen. Ihr tiefes Verständnis der Werkzeuge ermöglicht es ihnen, Verbesserungsmöglichkeiten, Automatisierung und die

Implementierung neuer Technologien zu identifizieren, die die organisatorische Innovation vorantreiben.

Kontinuierliche persönliche Entwicklung

• Die Suche nach Kompetenz ist eine kontinuierliche Reise der persönlichen Entwicklung. Fachleute, die Kompetenz schätzen, verstehen, dass ständiges Lernen der Schlüssel ist, um an der Spitze eines sich ständig weiterentwickelnden technologischen Szenarios zu bleiben.

Die **Fähigkeit in Werkzeugen und Technologien** ist mehr als nur eine technische Fähigkeit; es ist eine Haltung der Neugier und Anpassungsfähigkeit. Während Fachleute durch dieses weite und sich ständig verändernde technologische Universum navigieren, ist die Kompetenz nicht nur ein Wettbewerbsvorteil, sondern ein wesentliches Werkzeug, um dauerhafte und bedeutende Karrieren aufzubauen.

Analytische Fähigkeiten und Problemlösungskompetenz

Herausforderungen mit Scharfsinn entschlüsseln

Im komplexen Labyrinth der Berufskarrieren erhebt sich die **Analytische Fähigkeit und Problemlösungskompetenz** als die Fackel, die herausfordernde Wege erleuchtet, und befähigt Fachleute, Rätsel zu entschlüsseln und innovative Lösungen zu finden. Über die Oberfläche hinauszugehen, komplexe Daten zu analysieren und effektive Strategien zu formulieren, sind die Fähigkeiten, die außergewöhnliche Fachleute auszeichnen.

Kritische Datenanalyse

- Die Grundlage der analytischen Fähigkeit ist die Fähigkeit zur kritischen Datenanalyse. Kompetente Fachleute sammeln nicht nur Informationen, sondern haben auch das Urteilsvermögen, Muster, Trends und Erkenntnisse zu erkennen, die fundierte Entscheidungen lenken können.

Logisches und Strategisches Denken

- Effektive Problemlösung erfordert logisches und strategisches Denken. Fachleute mit dieser Fähigkeit sind in der Lage, komplexe Probleme in handhabbare Teile zu zerlegen, kausale Beziehungen zu identifizieren und systematische Ansätze zu entwickeln, um Lösungen zu finden.

Ursachenanalyse

- Dauerhafte Problemlösungen erfordern häufig die Identifizierung der Ursachen. Fachleute mit analytischen Fähigkeiten sind geschickt darin, gründlich zu untersuchen, die Ursachen von Problemen zu verstehen und die grundlegenden Quellen anzugehen.

Anpassung an sich ständig verändernde Umgebungen

- Professionelle Umgebungen im ständigen Wandel erfordern Fachleute, die sich schnell an neue Herausforderungen anpassen können. Die analytische Fähigkeit ermöglicht es Fachleuten, neue Situationen schnell zu verstehen, die Auswirkungen zu bewerten und ihre Strategien bei Bedarf anzupassen.

Kreativität bei der Lösungserzeugung

- Analytische Fähigkeiten sind nicht auf Logik beschränkt; sie beinhalten auch Kreativität bei der Lösungserzeugung. Fachleute, die analytisch denken, haben auch die Scharfsinnigkeit, innovative Ansätze zu erkunden und Lösungen zu finden, die möglicherweise nicht sofort offensichtlich sind.

Informierte Entscheidungsfindung

- Die sorgfältige Analyse von Daten und die Fähigkeit zur Problemlösung fördern eine informierte Entscheidungsfindung. Analytische Fachleute sind in der Lage, Optionen abzuwägen, Konsequenzen abzuschätzen und fundierte Entscheidungen zu treffen, um Risiken zu minimieren und Chancen zu maximieren.

Effektive Zusammenarbeit in interdisziplinären Teams

• Kooperative Arbeitsumgebungen erfordern häufig die Fähigkeit zur effektiven Zusammenarbeit in interdisziplinären Teams. Analytische Fachleute können signifikant zur gemeinsamen Problemlösung und zur Entwicklung kollektiver Strategien beitragen.

Die **Analytische Fähigkeit und Problemlösungskompetenz** geht über die einfache Lösung unmittelbarer Fragen hinaus; sie ist ein ganzheitlicher Ansatz zur Bewältigung von Herausforderungen. Fachleute, die diese Fähigkeiten entwickeln, sind in der Lage, robuste Lösungen zu präsentieren, Probleme zu lösen und Organisationen zu stärken, um zukünftigen Herausforderungen mit Zuversicht und Agilität zu begegnen. Im Herzen dieser Fähigkeit liegt die Scharfsinnigkeit, zu interpretieren, zu innovieren und unbekannte Wege mit Geschick und Entschlossenheit zu beschreiten.

Programmier- und Softwareentwicklungsfähigkeiten

Die Zukunft mit technischer Exzellenz codieren

Im digitalen Universum sind die **Programmier- und Softwareentwicklungsfähigkeiten** die Sprache, die Innovationen zum Leben erweckt und den technologischen Fortschritt vorantreibt. Fachleute in diesem Bereich codieren nicht nur; sie formen elegante Lösungen, steigern die Effizienz und gestalten die digitale Landschaft mit ihren scharfen technischen Fähigkeiten.

Beherrschung von Programmiersprachen

- Die Grundlage der Programmierfähigkeiten ist die Beherrschung von Programmiersprachen. Erfahrene Fachleute kennen nicht nur mehrere Sprachen, sondern verstehen auch tiefgehend ihre Nuancen und Anwendbarkeit und wählen das richtige Werkzeug für jede Herausforderung.

Softwarearchitektur und Design

- Über die Codierung hinaus umfassen die Fähigkeiten in der Softwareentwicklung die Architektur und das Design von Systemen. Kompetente Fachleute haben die Fähigkeit, robuste Strukturen zu erstellen, die Skalierbarkeit und Effizienz unterstützen und zu langlebigen Softwarelösungen beitragen.

Agile Entwicklung und DevOps-Methoden

- In einem dynamischen Umfeld werden agile Entwicklung und DevOps-Methoden entscheidend. Fachleute, die diese Methoden nicht nur kennen, sondern auch in ihren Arbeitsablauf integrieren, beschleunigen die Entwicklung, verbessern die Zusammenarbeit und gewährleisten eine kontinuierliche Lieferung.

Effiziente Problemlösung

- Programmierfähigkeiten beschränken sich nicht nur auf die Erstellung von Code; sie umfassen auch die effiziente Problemlösung. Kompetente Fachleute analysieren komplexe Herausforderungen, identifizieren effektive Lösungen und implementieren Korrekturen schnell und präzise.

Ständige Aktualisierung mit neuen Technologien

- Die Technologie entwickelt sich schnell weiter, und kompetente Fachleute bleiben stets auf dem neuesten Stand. Sie investieren Zeit in das Lernen und Beherrschen neuer, aufkommender Technologien und bleiben dem digitalen Umfeld stets voraus, um kontinuierliche Innovation zu fördern.

Sicherheit und bewährte Codierungspraktiken

- Sicherheit ist eine unverhandelbare Priorität in der Softwareentwicklung. Fachleute integrieren bewährte Codierungspraktiken, um sicherzustellen, dass ihre Lösungen sicher, zuverlässig und gegen Cyber-Bedrohungen resilient sind.

Effektive Zusammenarbeit in Entwicklungsteams

• In Entwicklungsumgebungen ist Zusammenarbeit von grundlegender Bedeutung. Fachleute arbeiten effektiv in multidisziplinären Teams zusammen, kommunizieren klar, tragen zum Entwicklungsprozess bei und fördern eine Kultur technischer Exzellenz.

Programmier- und Softwareentwicklungsfähigkeiten befähigen Fachleute, Anwendungen und Systeme zu erstellen und machen sie zu digitalen Architekten, die die Zukunft gestalten. Durch die Vereinigung von Kreativität, Logik und fortgeschrittenen technischen Fähigkeiten sind diese Fachleute Katalysatoren für Innovation und tragen erheblich zur ständig fortschreitenden digitalen Revolution bei.

Projektmanagement

Meisterhaft durch die Gewässer effizienter Ausführung navigieren

Projektmanagement ist die Kunst, Visionen in Realität umzuwandeln, Komplexität in Klarheit zu transformieren und Teams bei der Erreichung greifbarer Ziele zu führen. Fachleute in diesem Bereich verwalten nicht nur Aufgaben; sie sind die Dirigenten, die komplexe Sinfonien aus Ressourcen, Fristen und Zielen koordinieren.

Strategische Planung

- Die Grundlage des Projektmanagements ist die strategische Planung. Kompetente Fachleute haben die Fähigkeit, das gesamte Panorama zu visualisieren, spezifische Ziele zu identifizieren und detaillierte Aktionspläne zu erstellen, die eine effiziente Ausführung leiten.

Effiziente Ressourcenzuteilung

- Projektmanagement umfasst die effiziente Zuteilung von Ressourcen. Kompetente Fachleute verstehen die Fähigkeiten des Teams, optimieren die Aufgabenverteilung und stellen sicher, dass die Ressourcen mit den Anforderungen des Projekts übereinstimmen.

Risikobewertung und –minderung

- Risiken gehören zu jedem Projekt, aber kompetente Fachleute sind geschickt darin, diese Risiken zu bewerten und zu mindern. Sie antizipieren potenzielle

Herausforderungen, entwickeln Notfallstrategien und gewährleisten, dass die Ausführung nicht durch unerwünschte Überraschungen unterbrochen wird.

Klare und effektive Kommunikation

- Kommunikation ist der rote Faden, der alle Beteiligten informiert und ausgerichtet hält. Fachleute im Projektmanagement beherrschen die Kunst der klaren Kommunikation und sorgen dafür, dass alle Beteiligten Ziele, Fristen und Herausforderungen verstehen.

Überwachung des Fortschritts und der Leistung

- Kompetente Fachleute definieren nicht nur Fortschrittsmeilensteine, sondern überwachen auch genau die Leistung in Bezug auf diese Meilensteine. Sie nutzen geeignete Werkzeuge, um den Fortschritt zu verfolgen, Abweichungen zu identifizieren und bei Bedarf Korrekturmaßnahmen zu ergreifen.

Anpassung an Veränderungen

- In dynamischen Umfeldern ist die Fähigkeit, sich an Veränderungen anzupassen, unerlässlich. Kompetente Fachleute im Projektmanagement sind flexibel, können Strategien anpassen, während sich die Umstände weiterentwickeln, ohne die erfolgreiche Projektlieferung zu gefährden.

Nachprojektbewertung und Lektionen gelernt

- Nach Abschluss eines Projekts ist die Bewertung entscheidend. Kompetente Fachleute führen Nachprojektanalysen durch, um zu identifizieren, was gut funktioniert hat, was verbessert werden könnte, und integrieren diese gewonnenen Erkenntnisse in zukünftige Unternehmungen.

Effektives Projektmanagement ist nicht nur eine Frage der Einhaltung von Fristen; es ist ein feines Gleichgewicht zwischen Strategie, Ausführung und Führung. Kompetente Projektmanager sind mehr als nur Verwalter; sie sind Führungskräfte, die ihre Teams mit Vertrauen führen, Herausforderungen in Chancen verwandeln und Projekte in nachhaltige Erfolge umwandeln.

Spezialwissen in Compliance und Vorschriften

Präzise den Wegen der Rechtskonformität folgen

In einem komplexen regulatorischen Umfeld leitet das **Spezialwissen in Compliance und Vorschriften** Organisationen präzise auf den Wegen der rechtlichen Konformität. Fachleute in diesem Bereich verstehen die Normen und werden zu den Hütern, die sicherstellen, dass jede Bewegung mit den geltenden Regeln und Vorschriften übereinstimmt.

Tiefgehendes Verständnis der Branchennormen

• Fachleute für Compliance kennen nicht nur die grundlegenden Vorschriften; sie haben ein tiefgehendes Verständnis der spezifischen Vorschriften ihrer Branche. Diese Expertise ermöglicht es ihnen, die spezifischen Anforderungen zu bewerten, die ihre Aktivitäten betreffen.

Aktualisierte Überwachung regulatorischer Änderungen

• Das regulatorische Umfeld ist ständig im Wandel, und kompetente Fachleute bleiben über Änderungen informiert. Sie überwachen genau regulatorische Aktualisierungen, um sicherzustellen, dass ihre Organisationen stets mit den neuesten gesetzlichen Anforderungen übereinstimmen.

Implementierung von Compliance-Strategien

- Über das theoretische Wissen hinaus sind Fachleute für Compliance geschickt in der praktischen Umsetzung von Compliance-Strategien. Sie entwickeln und führen Pläne aus, die sicherstellen, dass alle Operationen mit den relevanten Normen übereinstimmen.

Risikobewertung und –minderung

- Die Bewertung von Risiken ist ein wesentlicher Bestandteil der Compliance. Kompetente Fachleute identifizieren und bewerten die Risiken der Nichteinhaltung und entwickeln Minderungsstrategien, um potenzielle negative Auswirkungen auf die Aktivitäten zu vermeiden.

Interne Audits und Überwachung

- Zusätzlich zu externen Audits führen kompetente Fachleute interne Audits und kontinuierliche Überwachungen durch, um die fortlaufende Compliance sicherzustellen. Sie etablieren Prozesse, die Bereiche der Nichteinhaltung identifizieren und Korrekturmaßnahmen implementieren.

Schulung und internes Training

- Wissen in Compliance geht über das spezialisierte Team hinaus; kompetente Fachleute implementieren Schulungs- und Trainingsprogramme. Dies stellt sicher, dass alle Mitglieder der Organisation die geltenden Vorschriften verstehen und einhalten.

Effiziente Reaktion auf Compliance-Vorfälle

• Selbst bei soliden Strategien können Compliance-Vorfälle auftreten. Kompetente Fachleute haben effiziente Reaktionspläne, um mit diesen Situationen umzugehen, die Auswirkungen zu minimieren und sicherzustellen, dass Korrekturmaßnahmen schnell umgesetzt werden.

Spezialwissen in Compliance und Vorschriften ist mehr als nur eine regulatorische Notwendigkeit; es ist ein strategisches Unterscheidungsmerkmal. Fachleute in diesem Bereich halten Organisationen nicht nur innerhalb der gesetzlichen Grenzen, sondern fördern auch eine Kultur der Verantwortung und Integrität. Durch präzises Navigieren durch die komplexen Wege der Konformität werden diese Fachleute zu den vertrauenswürdigen Hütern, die die Nachhaltigkeit und den Ruf der von ihnen geleiteten Organisationen sicherstellen.

Fähigkeiten im Design und in der Kreativität

Innovative Lösungen in der Schmiede der Vorstellungskraft gestalten

Fähigkeiten im Design und in der Kreativität gehen über visuelle Ästhetik hinaus; sie sind der Treibstoff, der die Innovation antreibt und Konzepte in bedeutungsvolle Erfahrungen verwandelt. Fachleute in diesem Bereich schaffen nicht nur ansprechende Designs; sie sind Visionäre, die die Zukunft mit imaginativen Visionen und benutzerzentrierten Strategien gestalten.

Tiefgehendes Verständnis der Zielgruppe

- Die Grundlage eines effektiven Designs ist ein tiefgehendes Verständnis der Zielgruppe. Fachleute im Design kennen nicht nur ihr Publikum, sie tauchen auch in die Nuancen seiner Bedürfnisse, Verhaltensweisen und Bestrebungen ein und stellen sicher, dass jede Lösung wirklich benutzerzentriert ist.

Kreativität als strukturierter Prozess

- Kreativität ist kein Zufall; sie ist ein strukturierter Prozess. Fachleute im Design haben Methoden zur Generierung und Verfeinerung von Ideen. Sie nutzen Techniken wie Brainstorming, schnelles Prototyping und kontinuierliche Iteration, um innovative Lösungen zu erreichen.

Technische Fähigkeiten in Design-Tools

- Über die Kreativität hinaus verfügen kompetente Fachleute über technische Fähigkeiten in Design-Tools. Sie beherrschen relevante Software und nutzen deren Möglichkeiten, um kreative Ideen in greifbare Produkte umzusetzen.

Design Thinking und benutzerzentrierter Ansatz

- Fachleute wenden Design Thinking und einen benutzerzentrierten Ansatz an. Sie tauchen in die echten Herausforderungen der Nutzer ein, identifizieren Verbesserungspotenziale und co-kreieren Lösungen, die die Bedürfnisse des Publikums wirklich erfüllen.

Inkrementelle und disruptive Innovation

- Fähigkeiten im Design beschränken sich nicht auf inkrementelle Innovation. Kompetente Fachleute haben die Vision, sowohl inkrementelle Verbesserungen als auch disruptive Lösungen zu suchen, die Konventionen herausfordern und Standards neu definieren.

Konsistenz in der Benutzererfahrung

- Exzellenz im Design spiegelt sich in der Konsistenz der Benutzererfahrung wider. Fachleute stellen sicher, dass visuelle und interaktive Elemente aufeinander abgestimmt sind und eine zusammenhängende und ansprechende Benutzerreise bieten.

Effektive Zusammenarbeit in interdisziplinären Teams

• In kreativen Umfeldern ist Zusammenarbeit entscheidend. Fachleute im Design arbeiten effektiv mit Mitgliedern interdisziplinärer Teams zusammen und integrieren vielfältige Perspektiven, um ganzheitliche Lösungen zu schaffen.

Kontinuierliche Bewertung und Iteration

• Design ist ein kontinuierlicher Prozess der Bewertung und Iteration. Kompetente Fachleute betrachten ein Projekt nicht als abgeschlossen nach der anfänglichen Implementierung; sie bewerten ständig die Leistung, sammeln Feedback und verfeinern ihre Kreationen.

Fähigkeiten im Design und in der Kreativität sind die Elemente, die Probleme in Chancen verwandeln und unvergessliche Erfahrungen schaffen. Fachleute in diesem Bereich folgen nicht nur ästhetischen Trends, sondern führen auch die Spitze der Innovation an, indem sie Katalysatoren für Veränderungen werden, die unsere Interaktion mit der Welt um uns herum neu definieren.

Erschließung des Gebiets der relevanten Hard Skills

Im komplexen beruflichen Geflecht erheben sich die relevanten Hard Skills als das Rückgrat, das die technische Expertise stützt, die notwendig ist, um Organisationen und Einzelpersonen zum Erfolg zu führen. Dieses Kompendium an technischen Fähigkeiten ist nicht nur eine Sammlung von Werkzeugen; es ist ein dynamisches Artefakt, das die Landschaft von Innovation, Effizienz und Errungenschaft gestaltet.

Durch die Entwicklung und Verfeinerung dieser technischen Fähigkeiten befähigen sich Fachleute nicht nur, spezifische Aufgaben zu erfüllen, sondern werden auch zu Architekten der Transformationen in ihren jeweiligen Bereichen. Meisterschaft in Programmiersprachen, Softwaredesign, Projektmanagement und Compliance ist nicht nur ein Unterscheidungsmerkmal; es ist das Fundament, das den Erfolg stützt.

In einer sich ständig weiterentwickelnden Welt, in der die Marktanforderungen so vielfältig wie dynamisch sind, werden die relevanten Hard Skills zu leitenden Leuchttürmen. Sie befähigen Fachleute, sich durch die turbulenten Gewässer der Konkurrenz zu navigieren, Hindernisse mit Resilienz zu überwinden und Lösungen zu schaffen, die die Erwartungen übertreffen.

Wie ein Handwerker im Laufe der Zeit seine Werkzeuge verfeinert, sind Fachleute, die ihre Hard Skills pflegen und verbessern, darauf vorbereitet, eine Zukunft von Innovation und Errungenschaften zu gestalten. Jede Codezeile, jede strategische

Entscheidung, jede kreative Lösung wird zum Zeugnis des Engagements für technische Exzellenz.

In diesem Szenario sind die relevanten Hard Skills nicht nur ein Mittel zum Zweck; sie sind ein Katalysator für Fortschritt, Innovation und den Aufbau nachhaltiger Vermächtnisse. Daher soll jeder Fachmann, der sich auf den Weg der Entwicklung und Verfeinerung begibt, in den Hard Skills nicht nur eine Notwendigkeit, sondern eine spannende Gelegenheit sehen, einen Weg zu nachhaltigem Erfolg zu ebnen.

Zeitmanagement und Produktivität

Das Potenzial der Zeit mit effektiven Strategien freisetzen

In einer Welt, in der Zeit eine wertvolle und knappe Ressource ist, erweist sich das Zeitmanagement und die Produktivität als eine wesentliche Fähigkeit für beruflichen und persönlichen Erfolg. Diese Kunst zu meistern bedeutet nicht nur, Aufgaben zu verwalten, sondern das maximale Potenzial der verfügbaren Zeit freizusetzen und sie zu einem strategischen Werkzeug für die Erreichung von Zielen und Vorgaben zu machen. Lassen Sie uns einige grundlegende Strategien erkunden, um die Zeit zu optimieren und die Effizienz zu maximieren:

Intelligente Priorisierung

• Der erste Grundpfeiler eines effektiven Zeitmanagements ist die Fähigkeit zu priorisieren. Kompetente Fachleute identifizieren Aufgaben basierend auf deren Dringlichkeit und Wichtigkeit und lenken ihre Energie auf Aktivitäten, die wesentlich zur Erreichung der gesetzten Ziele beitragen.

Pomodoro-Technik und konzentrierte Fokussierung

• Die Pomodoro-Technik, die intensive Arbeitsphasen mit kurzen Pausen abwechselt, ist ein effektiver Ansatz, um den Fokus und die Produktivität aufrechtzuerhalten. Kompetente Fachleute wenden Strategien der konzentrierten Fokussierung an, vermeiden Ablenkungen und tauchen tief in ihre Aufgaben ein.

Aufgabenmanagement und To-Do-Listen

• Die Nutzung von Aufgabenmanagement-Tools und das Erstellen von To-Do-Listen ist eine gängige Praxis unter den Meistern des Zeitmanagements. Dies ermöglicht einen klaren Überblick über die offenen Aufgaben, erleichtert die Organisation und Verfolgung des Fortschritts.

Effiziente Delegation

• Zu wissen, wann und wie man Aufgaben delegiert, ist eine wesentliche Fähigkeit. Kompetente Fachleute bewerten ihre Arbeitslast, identifizieren Aufgaben, die übertragen werden können, und befähigen Teammitglieder, um die kollektive Effizienz zu maximieren.

Festlegung klarer Ziele

• Klare und messbare Ziele zu setzen ist ein Katalysator für Produktivität. Kompetente Fachleute haben nicht nur festgelegte Ziele, sondern entwickeln auch spezifische Aktionspläne, um diese innerhalb festgelegter Fristen zu erreichen.

Kontinuierliches Lernen und persönliche Weiterentwicklung

• Investieren in kontinuierliches Lernen und persönliche Weiterentwicklung mag auf den ersten Blick kontraproduktiv erscheinen, aber langfristig erhöht es die Effizienz, indem es Fähigkeiten und Wissen verbessert und die investierte Zeit wertvoller macht.

Pausen und Erholungszeiten

• Kompetente Fachleute erkennen die Bedeutung regelmäßiger Pausen zur Erholung. Diese Momente der Auszeit, fernab von Arbeitsanforderungen, revitalisieren den Geist und fördern eine erneuerte Perspektive beim Zurückkehren zu den Aufgaben.

Strategischer Einsatz von Technologie

• Technologische Werkzeuge können mächtige Verbündete im Zeitmanagement sein. Kompetente Fachleute wählen und nutzen Apps und Software, die am besten zu ihren Bedürfnissen passen, automatisieren wiederkehrende Aufgaben und optimieren Prozesse.

Durch die Anwendung dieser Strategien verwalten Fachleute nicht nur die Zeit, sondern verwandeln sie in einen strategischen Verbündeten. Zeitmanagement und Produktivität sind nicht nur eine Fähigkeit; es ist eine Denkweise, die es Individuen ermöglicht, ihre Ziele effektiv zu erreichen, einen Ausgleich zwischen Berufs- und Privatleben zu schaffen und beeindruckende Ergebnisse zu erzielen.

Intelligente Priorisierung

Effizienz Kultivieren

Die Kunst der Intelligenten Priorisierung ist wie das Besitzen einer präzisen Karte inmitten eines weiten Ozeans von Aufgaben. Diese Fähigkeit zu meistern ermöglicht es Fachleuten nicht nur, über Wasser zu bleiben, sondern auch, sicher durch die Wellen der Effizienz zu navigieren. Lassen Sie uns in die Nuancen dieser wesentlichen Praxis eintauchen:

Dringlichkeit versus Wichtigkeit

• Die Eisenhower-Matrix, die Aufgaben in Quadranten von Dringlichkeit und Wichtigkeit unterteilt, ist ein mächtiges Werkzeug zur Priorisierung. Kompetente Fachleute verstehen, dass Dringliches nicht immer wichtig ist und umgekehrt, was ihnen ermöglicht, sich auf Aktivitäten zu konzentrieren, die tatsächlich Wert schaffen.

Auswirkungsanalyse

• Bei der Priorisierung ist es wichtig, die Auswirkungen jeder Aufgabe zu berücksichtigen. Kompetente Fachleute bewerten, wie eine Aktivität zur Erreichung der Gesamtziele beiträgt und richten ihre Bemühungen auf diejenigen Aufgaben, die den größten positiven Einfluss haben werden.

Fristen- und Zeitfaktoren

• Fristen sind kritische Indikatoren bei der Entscheidung über Prioritäten. Kompetente Fachleute berücksichtigen nicht nur die Dringlichkeit, sondern auch die benötigte Zeit für die Erledigung einer Aufgabe und stellen sicher, dass ihre Zeitzuweisung realistisch und effizient ist.

Persönliche und Teamkapazität

• Das Erkennen persönlicher und teambezogener Grenzen ist ein Zeichen intelligenter Priorisierung. Kompetente Fachleute überlasten weder ihre eigenen noch die Zeitpläne ihrer Kollegen und sorgen dafür, dass alle ihre Aufgaben effektiv erfüllen können.

Kontinuierliche Neubewertung

• Prioritäten sind nicht statisch. Kompetente Fachleute verstehen, dass die Dynamik des Arbeitsumfelds die relative Wichtigkeit von Aufgaben ändern kann. Daher führen sie regelmäßige Neubewertungen durch, um ihre Prioritäten entsprechend den sich entwickelnden Bedürfnissen anzupassen.

Ausrichtung auf strategische Ziele

• Prioritäten sollten mit den strategischen Zielen übereinstimmen. Kompetente Fachleute behalten immer eine klare Vision von langfristigen Zielen und stellen sicher, dass ihre täglichen Aktivitäten die Organisation in die gewünschte Richtung lenken.

Fähigkeit, "Nein" zu sagen

• Strategisch "Nein" zu sagen ist eine wertvolle Fähigkeit. Kompetente Fachleute erkennen, dass eine Überlastung von Aufgaben die Qualität der Arbeit verwässern kann. Daher haben sie den Mut, Aufgaben abzulehnen, die nicht signifikant zu den Zielen beitragen.

Automatisierung von Routineaufgaben

- Die Automatisierung von Routineaufgaben spart wertvolle Zeit. Kompetente Fachleute identifizieren Prozesse, die automatisiert werden können, sodass sie ihre Aufmerksamkeit auf Aufgaben richten können, die Kreativität und Entscheidungsfindung erfordern.

Durch die Beherrschung der Intelligenten Priorisierung schaffen es Fachleute, nicht nur ihre Zeit zu managen, sondern auch eine strategische Denkweise zu kultivieren, die sie in die Lage versetzt, ihre Agenda zu kontrollieren. Beim Navigieren durch die Komplexität des täglichen Arbeitslebens wird diese Fähigkeit zu einem Ziel, das die Ziele im Fokus hält und es ermöglicht, dass jede Handlung absichtlich, effizient und auf das kontinuierliche Streben nach Exzellenz ausgerichtet ist.

Pomodoro-Techniken und Konzentrationsfokus

Die Symphonie der Produktiven Zeit

In der heutigen Zeit, in der Ablenkungen reichlich und Aufmerksamkeit eine wertvolle Ressource ist, treten die Pomodoro-Techniken und der Konzentrationsfokus als Dirigenten auf, die die Symphonie der produktiven Zeit leiten. Diese Ansätze schalten nicht nur die Effektivität bei der Arbeit frei, sondern fördern auch eine Denkweise, die Qualität über Quantität stellt. Lassen Sie uns die Harmonie hinter diesen Praktiken erkunden:

Pomodoro-Technik

• Entwickelt von dem Italiener Francesco Cirillo, ist die Pomodoro-Technik ein Zeitmanagementansatz, der die Arbeit in kurze Intervalle unterteilt, die als „Pomodoros" bezeichnet werden, normalerweise von 25 Minuten, gefolgt von kurzen Pausen. Kompetente Fachleute nutzen diese Methode, um während spezifischer Zeiträume die Konzentration aufrechtzuerhalten und die Effizienz zu maximieren.

Konzentrationsfokus

• Der Konzentrationsfokus hingegen ist eine Fähigkeit, die über spezifische Techniken hinausgeht. Kompetente Fachleute entwickeln die Fähigkeit, sich vollständig einer Aufgabe zu widmen, äußere Ablenkungen zu eliminieren und tief in die Arbeit einzutauchen. Dies beinhaltet das Deaktivieren von Benachrichtigungen, das Schaffen einer konzentrierten Umgebung und das Setzen klarer Grenzen für Unterbrechungen.

Start- und Abschlussrituale

• Das Einbeziehen von Start- und Abschlussritualen ist eine gängige Praxis unter den Anhängern dieser Techniken. Kompetente Fachleute etablieren Rituale, die den Beginn einer konzentrierten Arbeitsperiode signalisieren und den Geist auf die Aufgabe vorbereiten. Ebenso konsolidieren sie beim Beenden eines Pomodoros oder einer konzentrierten Sitzung die gemachten Fortschritte und bereiten sich auf die nächste Herausforderung vor.

Strategische Pausen

• Pausen sind wesentliche Bestandteile dieser Techniken. Kompetente Fachleute erkennen die Bedeutung kurzer Pausen zwischen intensiven Arbeitsphasen an. Diese Pausen ermöglichen es, die mentale Energie aufzuladen, Ermüdung vorzubeugen und den Fokus den ganzen Tag über aufrechtzuerhalten.

Vermeidung von Multitasking

• Multitasking ist die Antithese zum Konzentrationsfokus. Kompetente Fachleute vermeiden die Falle, mehrere Aufgaben gleichzeitig erledigen zu wollen, da dies nicht nur die Arbeitsqualität reduziert, sondern auch die Fehlerwahrscheinlichkeit erhöht.

Ablenkungsfreies Umfeld

• Ein ablenkungsfreies Arbeitsumfeld zu schaffen, ist entscheidend. Kompetente Fachleute organisieren ihre Arbeitsplätze, um Unterbrechungen zu minimieren, deaktivieren unnötige Benachrichtigungen und setzen klare Grenzen für nicht dringende Interaktionen während der konzentrierten Phasen.

Anpassung an die Individualität

• Die Wirksamkeit dieser Techniken liegt in ihrer Anpassung an die Individualität jedes Fachmanns. Kompetente Fachleute experimentieren und passen die Pomodoro-Techniken und den Konzentrationsfokus an, um die Methode zu finden, die am besten zu ihrer eigenen Produktivität und ihrem Arbeitsrhythmus passt.

Ständige Messung und Anpassung

• Die Messung der Wirksamkeit dieser Praktiken ist ein wesentlicher Bestandteil des Prozesses. Kompetente Fachleute zögern nicht, die Dauer der Pomodoros, die Häufigkeit der Pausen und andere Variablen anzupassen, um ihre Herangehensweise kontinuierlich zu optimieren und sicherzustellen, dass sie ihre Ziele erreichen.

Durch die Harmonisierung der Pomodoro-Techniken und des Konzentrationsfokus verwandeln kompetente Fachleute ihre Arbeitszeit in eine Symphonie der Produktivität. Diese Ansätze bieten nicht nur eine Struktur für das Zeitmanagement, sondern schaffen auch ein Umfeld, das eine vollständige Vertiefung in Aufgaben ermöglicht, was zu tiefergehenden und bedeutungsvollen Ergebnissen führt.

Aufgabenmanagement und To-Do-Listen

Das Chaos in eine Symphonie der Produktivität verwandeln

Mitten im täglichen Wirbel von Verantwortlichkeiten tritt das Aufgabenmanagement und die To-Do-Listen als Partitur auf, die dem Chaos Ordnung verleiht und verstreute Aufgaben in ein harmonisches Orchester der Produktivität verwandelt. Kompetente Fachleute erkennen, dass diese Praxis nicht nur eine oberflächliche Organisation ist, sondern eine tiefgreifende Strategie zur Steuerung von Anstrengungen und zur Erreichung von Zielen. Lassen Sie uns die Elemente näher betrachten, die diese Praxis so wirkungsvoll machen:

Zentralisierung von Informationen

• Die Hauptfunktion einer To-Do-Liste besteht darin, Informationen über die Aufgaben zu zentralisieren, die abgeschlossen werden müssen. Kompetente Fachleute nutzen spezifische Werkzeuge wie Aufgabenmanagement-Apps, um alle ihre Verpflichtungen an einem einzigen, zugänglichen Ort zu konsolidieren.

Strategische Priorisierung

• To-Do-Listen sind ineffektiv, wenn alle Aufgaben gleich behandelt werden. Kompetente Fachleute priorisieren strategisch, indem sie zwischen dringenden und wichtigen Aufgaben unterscheiden, und stellen sicher, dass die Energie auf Aktivitäten gerichtet wird, die den größten Wert schaffen.

Segmentierung nach Projekten oder Bereichen

• Aufgaben nach Projekten oder spezifischen Bereichen zu gruppieren ist eine effektive Praxis. Kompetente Fachleute organisieren ihre To-Do-Listen so, dass sie nicht nur individuelle Aufgaben widerspiegeln, sondern auch die umfassenderen Ziele, zu deren Erreichung diese Aufgaben beitragen.

Festlegung von Fristen

• Realistische Fristen festzulegen ist entscheidend für das Aufgabenmanagement. Kompetente Fachleute weisen ihren Aufgaben Fälligkeitstermine zu, um ein klares Gefühl für Dringlichkeit zu vermitteln und Aufgaben zu identifizieren, die sofortige Aufmerksamkeit erfordern.

Kontinuierliche Aktualisierung

• Eine To-Do-Liste ist ein dynamisches Werkzeug, das ständiger Aktualisierung bedarf. Kompetente Fachleute überprüfen und passen ihre Listen regelmäßig an, indem sie neue Aufgaben einpflegen, bei Bedarf neu priorisieren und abgeschlossene Aufgaben abhaken, um eine klare Übersicht über den Fortschritt zu behalten.

Integration wiederkehrender Aufgaben

• Bestimmte Aufgaben sind wiederkehrend. Kompetente Fachleute integrieren routinemäßige Aufgaben in ihre Listen, um sicherzustellen, dass diese

Aktivitäten nicht im Fluss neuer Verpflichtungen verloren gehen.

Fortschrittsverfolgung

• Die Verfolgung des Fortschritts ist ein wesentlicher Bestandteil des Aufgabenmanagements. Kompetente Fachleute nutzen klare Metriken, um den Fortschritt im Hinblick auf Fristen und Ziele zu bewerten und ihre Strategien bei Bedarf anzupassen.

Flexibilität bei Veränderungen

• Das Arbeitsumfeld ist schnellen Veränderungen unterworfen. Kompetente Fachleute bewahren eine flexible Denkweise und passen ihre To-Do-Listen an, während sich Prioritäten ändern und neue Informationen auftauchen.

Durch die Transformation von chaotischen Aufgaben in organisierte Listen bietet das Aufgabenmanagement und die To-Do-Listen ein Mittel, um sich daran zu erinnern, was erledigt werden muss, und schafft gleichzeitig ein dynamisches System, das Effizienz und Effektivität fördert. Kompetente Fachleute betrachten ihre Listen nicht als bloße Erinnerungen; sie sind strategische Werkzeuge, die die Erreichung von Zielen und die Verwirklichung von Projekten ermöglichen und sicherstellen, dass jeder Tag eine Symphonie von Erfolgen ist.

Effektive Delegation

Die Kraft zur Vermehrung von Anstrengungen und Potenzial

Die Kunst der effektiven Delegation ist eine mächtige Strategie zur Vermehrung von Anstrengungen und Potenzial. Kompetente Fachleute verstehen, dass wahre Effektivität nicht nur darin besteht, Aufgaben zu erledigen, sondern andere zu befähigen, diese effizient auszuführen. Lassen Sie uns die Nuancen dieser entscheidenden Fähigkeit erkunden:

Verständnis der individuellen Fähigkeiten

• Bevor delegiert wird, ist es entscheidend, die individuellen Fähigkeiten der Teammitglieder zu verstehen. Kompetente Fachleute bewerten die Stärken und Schwächen jedes Mitglieds und weisen Aufgaben entsprechend ihren Kompetenzen zu, um eine optimale Leistung zu gewährleisten.

Klarheit der Erwartungen

• Effektive Delegation beginnt mit der klaren Kommunikation der Erwartungen. Kompetente Fachleute definieren nicht nur, was getan werden muss, sondern erklären auch, warum es wichtig ist, und schaffen so einen Kontext, der es den Teammitgliedern ermöglicht, die Relevanz ihrer Beiträge zu verstehen.

Ermächtigung und Verantwortung

• Delegieren bedeutet nicht nur, Aufgaben zuzuweisen; es bedeutet, andere zu befähigen, Verantwortung zu übernehmen. Kompetente Fachleute übertragen nicht nur Aufgaben, sondern teilen auch die Verantwortung für den Erfolg des Teams und fördern ein Gefühl der Zugehörigkeit und des Beitrags.

Delegation entsprechend der Komplexität

• Die Komplexität der Aufgaben variiert, und kompetente Fachleute passen die Delegation entsprechend dieser Komplexität an. Einfache Aufgaben können weniger erfahrenen Mitgliedern zugewiesen werden, während komplexere Aufgaben an Mitglieder mit fortgeschritteneren Fähigkeiten gerichtet werden können.

Proaktives Monitoring

• Delegieren bedeutet nicht, sich vollständig zurückzuziehen. Kompetente Fachleute behalten den Fortschritt proaktiv im Auge, bieten Unterstützung an, wenn nötig, und stellen sicher, dass die Ausführung den festgelegten Erwartungen entspricht.

Bereitstellung geeigneter Ressourcen

• Um die Delegation effizient zu gestalten, müssen geeignete Ressourcen bereitgestellt werden. Dazu gehören Zugang zu Informationen, notwendige Werkzeuge und kontinuierliche Unterstützung. Kompetente Fachleute stellen sicher, dass ihre Kollegen alles haben, was sie benötigen, um ihre Aufgaben effektiv zu erfüllen.

Kultur des kontinuierlichen Lernens

• Delegation ist nicht nur ein Werkzeug zur Verteilung der Arbeitslast, sondern auch eine Gelegenheit zum kontinuierlichen Lernen. Kompetente Fachleute fördern ein Umfeld, in dem Delegation als Austausch von Fähigkeiten und Wissen angesehen wird, und fördern so ein kollektives Wachstum.

Konstruktives Feedback

- Nach Abschluss der Aufgaben ist es wichtig, konstruktives Feedback zu geben. Kompetente Fachleute erkennen die Anstrengungen an, feiern die Erfolge und geben Hinweise zur Verbesserung, um einen kontinuierlichen Verbesserungszyklus zu fördern.

Durch die Beherrschung der effektiven Delegation verringern Fachleute ihre Arbeitslast und fördern eine Kultur der Zusammenarbeit und des Wachstums. Diese Fähigkeit geht nicht nur darum, Verantwortung zu verteilen, sondern andere zu befähigen, ihr maximales Potenzial zu erreichen und ein dynamisches und effektives Team zu schaffen.

Klare Zielsetzung

Der Fahrplan zum Erfolg

Die Fähigkeit zur klaren Zielsetzung ist eine Managementpraxis und zugleich ein strategischer Fahrplan für persönlichen und beruflichen Erfolg. Kompetente Fachleute verstehen, dass Ziele Leuchttürme sind, die die täglichen Anstrengungen lenken und abstrakte Bestrebungen in greifbare Erfolge verwandeln. Lassen Sie uns die Bedeutung und die wesentlichen Elemente dieser Fähigkeit erkunden:

Klare und Inspirierende Vision

• Effektive Ziele beginnen mit einer klaren und inspirierenden Vision. Kompetente Fachleute setzen nicht nur Ziele aus Pflichtgefühl, sondern schaffen ein lebendiges Bild dessen, was sie erreichen möchten. Diese Vision dient als Kompass, der alle Bemühungen lenkt.

Spezifizität und Messbarkeit

• Ziele müssen spezifisch und messbar sein. Kompetente Fachleute geben sich nicht mit vagen Zielen zufrieden; sie definieren Ziele, die quantifiziert und objektiv bewertet werden können. Dies erleichtert nicht nur die Fortschrittsverfolgung, sondern schafft auch Klarheit darüber, wann ein Ziel erreicht ist.

Ausrichtung an Werten und Zweck

• Isolierte Ziele können bedeutungslos erscheinen. Kompetente Fachleute stellen sicher, dass ihre Ziele mit ihren persönlichen Werten und dem übergeordneten

Zweck ihrer Aktivitäten übereinstimmen. Dies steigert nicht nur die Motivation, sondern schafft auch einen Sinn hinter den Zielen.

Festlegung Realistischer Fristen

• Jedes Ziel benötigt eine Frist. Kompetente Fachleute setzen realistische Fristen, wobei sie anerkennen, dass Zeit eine wertvolle Ressource ist. Diese Praxis schafft nicht nur ein Gefühl der Dringlichkeit, sondern hilft auch bei der Priorisierung der Anstrengungen.

Aufgliederung in Kleinere Ziele

• Große Ziele können überwältigend wirken. Kompetente Fachleute gliedern Ziele in kleinere, handhabbare Teilziele. Dies verwandelt den Weg in eine Serie erreichbarer Schritte, wodurch der Weg zum Endziel klarer und machbarer wird.

Regelmäßige Verfolgung und Neubewertung

• Ziele sind nicht statisch. Kompetente Fachleute verfolgen regelmäßig den Fortschritt und nehmen bei Bedarf Anpassungen vor. Diese kontinuierliche Praxis der Bewertung und Neubewertung stellt sicher, dass die Ziele im Einklang mit den Veränderungen im Umfeld und in den Umständen bleiben.

Teilen und Kollektive Verantwortung

• Das Teilen von Zielen schafft ein Gefühl der kollektiven Verantwortung. Kompetente Fachleute kommunizieren ihre Ziele an das Team, Partner oder Mentoren, um ein unterstützendes und kooperatives Umfeld zu fördern.

Feiern von Zwischenstationen

• Das Feiern von Zwischenstationen ist entscheidend, um die Motivation aufrechtzuerhalten. Kompetente Fachleute erkennen und feiern die Meilensteine auf dem Weg, um das Gefühl von Fortschritt und Erfolg zu verstärken.

Durch die Beherrschung der klaren Zielsetzung etablieren Fachleute Richtungen und schaffen gleichzeitig einen fruchtbaren Boden für Wachstum und Verwirklichung. Gut definierte Ziele verwandeln Wünsche in Realität und bieten eine klare Anleitung für den Erfolg in jedem Vorhaben.

Kontinuierliches Lernen und Persönliche Weiterentwicklung

Der Unendliche Zyklus des Wachstums

Die Fähigkeit, kontinuierliches Lernen und persönliche Weiterentwicklung zu suchen, ist entscheidend für nachhaltiges Wachstum und Exzellenz. Kompetente Fachleute verstehen, dass die Reise des Wissens niemals ein Ende hat; es ist ein unendlicher Zyklus der Entdeckung, Anpassung und ständigen Verbesserung. Lassen Sie uns die wesentlichen Elemente dieser wichtigen Praxis erkunden:

Neugier als Antrieb

- Kontinuierliches Lernen beginnt mit Neugier. Kompetente Fachleute pflegen eine Offenheit für Neues, indem sie Fragen stellen, erkunden und ständig nach Wissen dürsten. Diese Neugier ist der Antrieb, der die Suche nach Lernen vorantreibt.

Festlegung von Entwicklungszielen

- Persönliche Weiterentwicklung ist effektiver, wenn sie durch klare Ziele geleitet wird. Kompetente Fachleute setzen spezifische Entwicklungsziele, identifizieren Bereiche von Fähigkeiten, die sie verbessern möchten, und erstellen einen strukturierten Plan, um diese Ziele zu erreichen.

Vielfalt der Lernquellen

- Lernen ist nicht auf eine einzige Quelle beschränkt. Kompetente Fachleute suchen Wissen aus verschiedenen Quellen, einschließlich Büchern,

Kursen, Mentoren, praktischen Erfahrungen und Interaktionen mit Kollegen. Diese Vielfalt bereichert das Verständnis und die Perspektive.

Kontinuierliche Reflexion

• Lernen betrifft nicht nur das Aufnehmen von Informationen, sondern auch die Anwendung und Reflexion. Kompetente Fachleute nehmen sich Zeit, um über das Gelernte nachzudenken und zu bewerten, wie sie dieses Wissen in ihren täglichen Aktivitäten anwenden können.

Anpassung an neue Technologien und Trends

• Die Welt ist ständig im Wandel, und kompetente Fachleute passen sich neuen Technologien und Trends an. Dazu gehört, sich über Veränderungen in den eigenen Branchen auf dem Laufenden zu halten, innovative Werkzeuge zu integrieren und sich über relevante Entwicklungen zu informieren.

Netzwerken und Zusammenarbeit

• Der Austausch von Wissen mit anderen Fachleuten ist unbezahlbar. Kompetente Fachleute bauen starke Netzwerke auf, beteiligen sich an beruflichen Gemeinschaften, arbeiten an gemeinsamen Projekten und teilen Erfahrungen. Diese Interaktion fördert ein dynamisches und kollaboratives Lernen.

Herausforderungen als Lernmöglichkeiten

• Herausforderungen sind keine Hindernisse, sondern Lernmöglichkeiten. Kompetente Fachleute betrachten Herausforderungen als Chancen, neue Fähigkeiten zu entwickeln, Widrigkeiten zu begegnen und stärker und widerstandsfähiger hervorzugehen.

Persönliches Investieren in die Entwicklung

• Persönliche Weiterentwicklung erfordert Investitionen, sei es in Zeit, Ressourcen oder Aufwand. Kompetente Fachleute erkennen den Wert der Investition in sich selbst, sei es durch Kurse, Schulungen oder andere Aktivitäten, die ihr Wachstum vorantreiben.

Durch die Integration von kontinuierlichem Lernen und persönlicher Weiterentwicklung in ihre berufliche und persönliche Reise erweitern Individuen ihr Fähigkeitsrepertoire und entwickeln eine anpassungsfähige Denkweise und eine solide Basis, um die Herausforderungen der Gegenwart und der Zukunft zu meistern. Es ist ein unendlicher Zyklus der Selbstentdeckung und des Wachstums, der nachhaltigen Erfolg und dauerhafte Erfüllung fördert.

Pausen und Erholungsintervalle

Die Kunst, Energie zu Erneuern

In einer Welt, in der der Druck zur Produktivität immer größer wird, ist die Fähigkeit, Pausen und Erholungsintervalle zu verwalten, eine entscheidende Strategie zur Erhaltung der physischen und mentalen Gesundheit. Kompetente Fachleute erkennen, dass Effizienz kein ununterbrochener Marathon ist, sondern eine Serie gut abgestimmter Sprints, unterbrochen von Ruhephasen. Lassen Sie uns erkunden, warum diese Intervalle unerlässlich sind und wie man sie effektiv verwaltet:

Erneuerung von Energie und Fokus

- Pausen sind nicht einfach eine Gelegenheit zum Entspannen; sie sind Gelegenheiten zur Energieaufladung. Kompetente Fachleute verstehen, dass kurze Ruhezeiten den Geist revitalisieren, die Konzentration verbessern und die Leistung steigern können, wenn sie zu den Aufgaben zurückkehren.

Vermeidung von Burnout

- Burnout ist eine reale Bedrohung in der modernen Arbeitswelt. Kompetente Fachleute nutzen regelmäßige Pausen als proaktive Strategie zur Vermeidung von Burnout. Diese Ruhezeiten helfen, den angesammelten Stress abzubauen, die Widerstandskraft zu verbessern und besser mit Herausforderungen umzugehen.

Steigerung der Kreativität und Innovation

- Erholung dient nicht nur der Entspannung; sie ist auch ein Motor für Kreativität. Kompetente Fachleute wissen, dass innovative Ideen oft während der Pausen entstehen, wenn der Geist die Freiheit hat, abzuschweifen und Konzepte außerhalb des unmittelbaren Arbeitskontexts zu erkunden.

Stressbewältigung

- Chronischer Stress kann verheerende Auswirkungen auf die Gesundheit haben. Kompetente Fachleute nutzen Pausen als Strategie zur Stressbewältigung und -reduzierung. Dies kann entspannende Aktivitäten wie Spaziergänge, kurze Meditationen oder Hobbys umfassen.

Fokus auf Qualität, nicht auf Quantität

- Die Wirksamkeit von Pausen liegt nicht unbedingt in ihrer Dauer, sondern in der Qualität der Erholung. Kompetente Fachleute konzentrieren sich darauf, sich während dieser Intervalle wirklich zu entspannen, damit ihre Gedanken von den Anforderungen der Arbeit Abstand nehmen und sich regenerierenden Aktivitäten widmen können.

Anwendung von Atem- und Entspannungstechniken

- Atem- und Entspannungstechniken sind leistungsstarke Werkzeuge während der Pausen. Kompetente Fachleute integrieren Praktiken wie tiefes Atmen, kurze Meditation oder Achtsamkeit, um den Geist zu beruhigen und ein Gefühl der Entspannung zu fördern.

Vielfalt der Pausen

- Monotonie kann die Wirksamkeit der Pausen verringern. Kompetente Fachleute variieren ihre Aktivitäten während der Pausen und wählen jedes Mal etwas anderes. Dies hält das Interesse aufrecht und maximiert die Vorteile der Erholungszeit.

Bewusste Planung

- Pausen dürfen nicht vergessen oder vernachlässigt werden. Kompetente Fachleute integrieren diese Momente bewusst in ihren täglichen Zeitplan und erkennen an, dass eine effektive Zeitverwaltung nicht nur konzentrierte Arbeitsphasen, sondern auch strategische Pausen umfasst.

Durch das Verständnis und die Anwendung der Kunst der Pausen und Erholungsintervalle erhalten Fachleute ihre Vitalität und verbessern gleichzeitig ihre Fähigkeit, langfristig auf hohem Niveau zu leisten. Es ist eine wesentliche Investition, um ein gesundes Gleichgewicht zwischen Produktivität und Wohlbefinden aufrechtzuerhalten.

Strategischer Einsatz von Technologie

Navigation im Meer der Innovation

Die Fähigkeit, Technologie strategisch einzusetzen, ist ein entscheidender Vorteil in einer zunehmend digitalen Welt. Kompetente Fachleute verstehen, dass Technologie nicht nur ein einfaches Werkzeug ist, sondern eine Strategie, die verwendet wird, um Effizienz, Innovation und organisatorischen Erfolg voranzutreiben. Lassen Sie uns erkunden, wie die Integration von Technologie auf strategische Weise die berufliche Herangehensweise transformieren kann:

Ausrichtung an organisatorischen Zielen

• Die Einführung von Technologie sollte mit den organisatorischen Zielen in Einklang stehen. Kompetente Fachleute verstehen die Vision des Unternehmens und nutzen Technologie als Werkzeug, um diese Ziele zu fördern, sei es durch Steigerung der Betriebseffizienz, Verbesserung der Kundenerfahrung oder Förderung von Innovation.

Automatisierung wiederkehrender Prozesse

• Technologie glänzt bei der Bewältigung wiederkehrender und weniger wertschöpfender Aufgaben. Kompetente Fachleute identifizieren Möglichkeiten zur Automatisierung von Prozessen, wodurch Zeit und Ressourcen für Aktivitäten freigesetzt werden, die strategisches und kreatives Denken erfordern.

Datenanalyse und Entscheidungsfindung

- Die Sammlung und Analyse von Daten sind entscheidend für fundierte Entscheidungen. Kompetente Fachleute nutzen Technologie, um große Datenmengen zu sammeln und zu verarbeiten, wodurch Informationen in wertvolle Einblicke umgewandelt werden, die strategische Entscheidungen lenken.

Einsatz kollaborativer Werkzeuge

- In einer vernetzten Welt ist Zusammenarbeit entscheidend. Kompetente Fachleute integrieren kollaborative Werkzeuge, um Kommunikation, Informationsaustausch und effizientes Teamwork zu erleichtern, unabhängig von der geografischen Lage.

Ständige Aktualisierung neuer Technologien

- Das technologische Umfeld entwickelt sich ständig weiter. Kompetente Fachleute halten sich über die neuesten Trends und Innovationen informiert, erkunden, wie neue Technologien ihre Operationen unterstützen können, und bieten Wettbewerbsvorteile.

Informationssicherheit

- Informationssicherheit ist eine kritische Priorität. Kompetente Fachleute verstehen die Risiken im Zusammenhang mit Technologie und implementieren robuste Sicherheitsmaßnahmen, um vertrauliche Daten zu schützen und die Integrität der Systeme zu gewährleisten.

Personalisierung des Kundenerlebnisses

- Technologie ermöglicht die Personalisierung des Kundenerlebnisses. Kompetente Fachleute nutzen Daten, um die individuellen Präferenzen der Kunden zu verstehen und maßgeschneiderte Produkte und Dienstleistungen anzubieten, die Mehrwert schaffen und die Kundenbindung stärken.

Schrittweise Implementierung und kontinuierliche Bewertung

- Die Einführung neuer Technologien sollte schrittweise erfolgen und kontinuierlich bewertet werden. Kompetente Fachleute verfolgen einen iterativen Ansatz, passen die Implementierung basierend auf Ergebnissen und Feedback an und gewährleisten die Effektivität der eingesetzten Technologie.

Durch die strategische Integration von Technologie erhöhen kompetente Fachleute ihre individuelle Effizienz und tragen langfristig zum organisatorischen Erfolg bei. Die Fähigkeit, im Meer der technologischen Innovationen zu navigieren, wird zu einem wertvollen Wettbewerbsvorteil in dynamischen und sich ständig weiterentwickelnden beruflichen Umfeldern.

Meisterhaft durch die Gewässer der Produktivität navigieren

Zeitmanagement ist eine verfeinerte Kunst, die von kompetenten Fachleuten beherrscht wird, die die Bedeutung verstehen, jeden Moment zu optimieren, um maximale Effizienz zu erreichen. Beim Erkunden von Strategien für Zeitmanagement und Produktivität erkennen wir eine klare Sichtweise: Effizienz bedeutet nicht nur, mehr zu tun, sondern mehr mit Zweck, Fokus und Wirkung zu tun.

Im Laufe dieses Kompendiums von Strategien haben wir die Bedeutung von klaren Zielvorgaben, der Akzeptanz von Pausen, der strategischen Integration von Technologie und der Förderung eines Umfelds für kontinuierliches Lernen erkannt. Jede Strategie ist ein wertvolles Glied in der Kette der Produktivität, das zum persönlichen und beruflichen Wachstum beiträgt.

Zeitmanagement ist kein Streben danach, mehr Aufgaben in einen Tag zu quetschen; es ist eine Reise in Richtung bedeutungsvoller Effektivität. Es ist die Fähigkeit, zwischen Dringlichem und Wichtigem zu unterscheiden, die Weisheit, Prioritäten zu setzen, und der Mut, die Notwendigkeit strategischer Pausen zu erkennen.

Während wir durch die stürmischen Gewässer des Berufslebens segeln, bewaffnet mit verfeinerten Strategien, werden wir zu Kapitänen unseres Schicksals. Jede bewusste Entscheidung darüber, wie wir unsere Zeit investieren, wird zu einem wesentlichen Bestandteil des Weges zum nachhaltigen Erfolg.

Möge jede hier erkundete Strategie mehr sein als Worte auf Papier, sondern Einladungen zum Handeln. Möge Zeitmanagement eine kontinuierliche Praxis, eine Reise der Selbstverbesserung und ein ständiges Streben nach Exzellenz werden.

Möge es uns als kompetenten Fachleuten gelingen, unsere Zeitmanagementfähigkeiten weiter zu verbessern, stets bewusst, dass wir mit jedem gut verwalteten Moment unser eigenes Schicksal gestalten und einen Weg zu nachhaltiger Erfüllung bahnen. Möge die Beherrschung der Zeit das Ruder sein, das uns zu den Meeren des Erfolgs und des Wohlstands führt.

Teil III

Praktische Anwendungen

Willkommen zu Teil III dieses Kompendiums, in dem wir in die Welt der praktischen Anwendungen eintauchen werden. In diesem Abschnitt werden Theorien und Strategien lebendig, verwandeln sich in greifbare Werkzeuge zur Gestaltung unserer Handlungen und zur Erreichung konkreter Ergebnisse.

In den vorherigen Abschnitten haben wir die Grundlagen des persönlichen und beruflichen Wachstums erkundet, die Nuancen des Zeitmanagements, der produktiven Effizienz, der strategischen Technologie und der kontinuierlichen Verbesserung entschlüsselt. Jetzt ist es an der Zeit, das Reich der Ideen zu überschreiten und in das fruchtbare Terrain der praktischen Anwendungen einzutreten.

Bereiten Sie sich auf eine fesselnde Reise vor, bei der jede Strategie, jedes Konzept und jede Erkenntnis durch konkrete Beispiele und detaillierte Anleitungen zum Leben erwachen. Ob Sie ein Fachmann auf der Suche nach Verbesserung, ein Unternehmer auf der Suche nach effektiven Strategien oder eine Person sind, die sich ihrem persönlichen Wachstum verschrieben hat, dieser Abschnitt ist darauf ausgelegt, greifbare Werkzeuge zu bieten, die in Ihren Alltag integriert werden können.

Von Zeitmanagement-Techniken bis hin zu praktischen Ansätzen zur beruflichen Verbesserung, jedes Thema wurde sorgfältig ausgearbeitet, um Wissen zu vermitteln und als Kompass für Handlungen zu dienen. Wir laden Sie ein, die vorgestellten Strategien zu erkunden, auszuprobieren und an Ihre Realität anzupassen, um jedes Konzept in eine Chance für Fortschritt zu verwandeln.

Beim Einstieg in Teil III seien Sie bereit für eine praktische Eintauchen, bei dem Theorie auf Realität trifft und jede Seite eine offene Tür zu neuen Möglichkeiten bietet. Gemeinsam werden wir die praktische Reise hin zu einem erfüllteren und erfolgreicheren Leben und Karriere gestalten. Lassen Sie uns beginnen, die praktischen Anwendungen zu erkunden, die Ihren Fortschritt vorantreiben werden!

Inspirierende Fallstudien
Erfolgsreisen Entschlüsseln

In diesem Abschnitt, der den inspirierenden Fallstudien gewidmet ist, tauchen wir in die realen Geschichten von Einzelpersonen und Organisationen ein, die Theorien in Handlungen umgesetzt haben und grundlegende Strategien angewendet haben, um außergewöhnliche Ergebnisse zu erzielen. Jede Geschichte ist ein Fenster in die Welt der praktischen Anwendung und zeigt, wie wesentliche Fähigkeiten Katalysatoren für bemerkenswerte Erfolge sein können. Lassen Sie uns einige dieser inspirierenden Geschichten erkunden:

Fallstudie 1

Die visionäre Unternehmerin Debbi Fields - Cookies und technologische Innovation

Debbi Fields, eine visionäre Unternehmerin, zeichnete sich nicht nur durch ihren Unternehmergeist aus, sondern auch durch ihre Pionierarbeit im Bereich der Technologie, indem sie eine der ersten war, die ihre Geschäfte durch ein Computernetzwerk verband. Ihre Reise, die 1977 mit der Gründung von „Mrs. Fields Cookies" begann, transformierte nicht nur die Cookie-Industrie, sondern hinterließ auch einen bleibenden

Eindruck in der Integration von Technologie in das Geschäft.

Anfängliche Herausforderung: Debbi sah sich anfangs der Herausforderung gegenüber, ihre Marke in einem wettbewerbsintensiven Markt zu etablieren, aber ihre Vision reichte über die Produktqualität hinaus zur Anwendung technologischer Innovationen.

Angewandte Strategien:

Technologieintegration: Debbi war eine der ersten Unternehmerinnen, die das Potenzial der Technologie im Geschäftsmanagement erkannte. Ihre Entscheidung, die Geschäfte durch ein Computernetzwerk zu verbinden, ermöglichte eine effiziente Kommunikation, zentralisierte Kontrolle der Abläufe und Echtzeit-Datenverarbeitung.

Datenanalyse: Die technologische Integration vereinfachte nicht nur die Abläufe, sondern lieferte Debbi auch wertvolle Einblicke durch Datenanalyse. Dies ermöglichte ihr, informierte Entscheidungen über Inventar, Kundenpräferenzen und Marketingstrategien zu treffen.

Betriebliche Effizienz: Die Technologie war nicht nur ein Werkzeug, sondern eine Strategie zur Optimierung der betrieblichen Effizienz. Der Einsatz vernetzter Systeme ermöglichte einen proaktiven Ansatz bei der Lösung betrieblicher Herausforderungen.

Verbesserte Kundenerfahrung: Die Vernetzung der Geschäfte kam nicht nur den internen Abläufen zugute, sondern trug auch zu einer verbesserten Kundenerfahrung bei. Die gesammelten Daten wurden verwendet, um Angebote zu personalisieren und die Kundenpräferenzen vorherzusehen.

Konkrete Ergebnisse: Die innovative Anwendung von Technologie durch Debbi Fields förderte nicht nur die betriebliche Effizienz, sondern festigte auch die Position von Mrs. Fields Cookies als eine Marke, die ihrer Zeit voraus war. Der technologische Pioniergeist trug maßgeblich zum schnellen Wachstum und zur globalen Anerkennung der Marke bei.

Nachhaltiges Erbe: Das Erbe von Debbi Fields besteht nicht nur aus köstlichen Cookies, sondern auch aus einem visionären Ansatz zur Anwendung von Technologie im Geschäft. Ihre Fähigkeit, technologische Innovationen strategisch zu integrieren, inspiriert weiterhin Unternehmer, neue Grenzen zu erkunden und Technologie als wesentlichen Verbündeten auf dem Weg zum Erfolg zu nutzen.

Fallstudie 2

Die Reise von Mark Zuckerberg - Innovator in der digitalen Ära

Mark Zuckerberg, einer der herausragendsten Unternehmer der digitalen Ära, ist eine ikonische Figur, die die praktische Anwendung unternehmerischer und innovativer Fähigkeiten demonstriert. Seine bemerkenswerte Reise begann 2004 mit der Gründung von Facebook, einer Plattform, die die Grenzen der Online-Kommunikation überschritt und zu einem globalen Phänomen wurde.

Anfängliche Herausforderung: Mark Zuckerberg sah sich der Herausforderung gegenüber, Menschen auf sinnvolle Weise in einer zunehmend digitalisierten Welt zu verbinden. Seine Vision war es, ein soziales Netzwerk zu schaffen, das Kommunikation und Erfahrungsaustausch auf innovative Weise ermöglichte.

Angewandte Strategien:

Innovative Vision: Von Anfang an zeigte Mark eine innovative Vision für das Potenzial sozialer Netzwerke. Er erkannte die Notwendigkeit einer Plattform, die nicht nur Menschen verbindet, sondern auch eine bedeutungsvolle und interaktive Erfahrung bietet.

Fokus auf den Benutzer: Der ständige Fokus auf den Benutzer war eine zentrale Strategie. Mark widmete sich stets dem Verständnis der Bedürfnisse und Wünsche der Nutzer und passte die Plattform kontinuierlich an, um den sich entwickelnden Anforderungen gerecht zu werden.

Kontinuierliche Iteration: Die Praxis der kontinuierlichen Iteration war entscheidend für den Erfolg von Facebook. Mark und sein Team führten ständig neue Funktionen ein, passten die Benutzeroberfläche an und erweiterten die Möglichkeiten der Plattform basierend auf dem Feedback der Benutzer und den technologischen Trends.

Strategische Monetarisierung: Marks Fähigkeit, effektive Monetarisierungsstrategien zu entwickeln, wie gezielte Werbung, trug zur finanziellen Nachhaltigkeit von Facebook bei und ermöglichte kontinuierliche Investitionen in Innovationen.

Konkrete Ergebnisse: Die effektive Anwendung dieser Strategien führte zur Transformation von Facebook von einer anfänglichen Studentenplattform zu einem der größten sozialen Netzwerke der Welt. Das Unternehmen von Mark Zuckerberg spielte eine entscheidende Rolle bei der Gestaltung der zeitgenössischen digitalen Kultur.

Nachhaltiges Erbe: Mark Zuckerberg hat nicht nur eine erfolgreiche Plattform aufgebaut, sondern auch ein nachhaltiges Erbe in der Geschichte der Technologie hinterlassen. Seine Reise zeigt, wie visionäres Denken, ständige Anpassung und das Verständnis der Bedürfnisse der Benutzer nicht nur ein Unternehmen prägen, sondern auch die Art und Weise, wie die Welt sich verbindet und Informationen teilt. Der anhaltende Einfluss von Facebook ist ein Zeugnis der praktischen Anwendung unternehmerischer und innovativer Fähigkeiten in der digitalen Ära.

Fallstudie 3

Die Reise von Amazon - Innovation im E-Commerce

Amazon, gegründet von Jeff Bezos im Jahr 1994, ist ein Unternehmen, das den E-Commerce neu definiert und zu einem Synonym für Innovation und Effizienz geworden ist. Die Reise von Amazon hebt die praktische Anwendung visionärer Unternehmensstrategien hervor, die das Unternehmen in eines der größten und einflussreichsten der Welt verwandelt haben.

Anfängliche Herausforderung: Amazon begann mit der ambitionierten Vision von Jeff Bezos, einen Online-Shop zu schaffen, der eine riesige Auswahl und Bequemlichkeit für die Verbraucher bietet. Das Unternehmen stand vor der Herausforderung, sich in einem noch neuartigen Markt für E-Commerce eine bedeutende Präsenz zu verschaffen.

Angewandte Strategien:

Fokus auf den Kunden: Von Anfang an verfolgte Amazon eine kundenorientierte Philosophie. Jeff Bezos erkannte die Bedeutung, ein unvergleichliches Einkaufserlebnis zu bieten, das eine große Auswahl, wettbewerbsfähige Preise und schnelle Lieferung umfasst.

Technologische Innovation: Amazon war eines der ersten Unternehmen, das massiv in Technologie investierte, um interne Prozesse zu optimieren und das Kundenerlebnis zu verbessern. Die Einführung des Kindle, AWS (Amazon Web Services) und virtueller Assistenten wie Alexa sind bemerkenswerte Beispiele für diesen Ansatz.

Effiziente Logistik: Amazon revolutionierte die Vertriebslogistik durch Strategien wie den Einsatz automatisierter Distributionszentren, Nachfrageprognose-Algorithmen und schnelle Lieferdienste wie Amazon Prime.

Diversifizierung der Dienstleistungen: Das Unternehmen beschränkte sich nicht nur auf E-Commerce, sondern erweiterte seine Dienstleistungen um Video-Streaming, Musik, elektronische Geräte und sogar Cloud-Dienste über AWS.

Konkrete Ergebnisse: Die Anwendung dieser Strategien führte zu einem beeindruckenden Wachstum von Amazon. Das Unternehmen wurde nicht nur zum Marktführer im E-Commerce-Sektor, sondern beeinflusste auch erheblich, wie Unternehmen Logistik, technologische Innovation und Kundenerlebnis angehen.

Nachhaltiges Erbe: Das Erbe von Amazon ist der Beweis dafür, wie die praktische Anwendung kundenorientierter Strategien, technologischer Innovation und logistischer Effizienz nicht nur ein Unternehmen, sondern die gesamte Branche transformieren kann. Amazon hinterließ einen bleibenden Eindruck in der globalen Geschäftswelt und zeigt, dass Anpassungsfähigkeit und unaufhörliche Suche nach Kundenzufriedenheit entscheidend für den nachhaltigen Erfolg in einer sich ständig wandelnden Welt sind.

Interaktive Übungen

Die gelernten Lektionen in die Praxis umsetzen

Dieser Abschnitt bietet eine wertvolle Gelegenheit, die im Compendium gelernten Lektionen anzuwenden. Die interaktiven Übungen wurden entwickelt, um Reflexion zu fördern, Handlungen anzuregen und Ihnen zu ermöglichen, die besprochenen Strategien in Ihr eigenes Leben und Ihre Karriere zu integrieren. Lassen Sie uns in diese fesselnden Übungen eintauchen:

Übung 1: Fähigkeits-Mapping

Ziel: Identifizieren Sie Ihre wichtigsten Fähigkeiten und Verbesserungsbereiche.

Selbstbewertung: Listen Sie Ihre Fähigkeiten auf, sowohl persönliche als auch berufliche. Bewerten Sie jede Fähigkeit nach Ihrem Vertrauen und Ihrer Wirksamkeit bei der Anwendung.

Externes Feedback: Holen Sie Feedback von Kollegen, Freunden oder Mentoren zu Ihren Fähigkeiten ein. Dies bietet wertvolle Perspektiven darüber, wie andere Ihre Fähigkeiten wahrnehmen.

Zielsetzung: Basierend auf den Bewertungen setzen Sie klare Ziele, um Ihre weniger entwickelten Fähigkeiten zu verbessern und die Fähigkeiten, in denen Sie herausragend sind, weiter zu stärken.

Übung 2: Persönlicher Entwicklungsplan

Ziel: Erstellen Sie einen greifbaren Plan für Ihr persönliches und berufliches Wachstum.

Zielsetzung: Listen Sie drei kurzfristige und drei langfristige Ziele für Ihre persönliche und berufliche Entwicklung auf.

Erreichungsstrategien: Entwickeln Sie spezifische Strategien, um jedes Ziel zu erreichen. Dies kann Kurse, Networking, Lektüren oder spezielle Projekte umfassen.

Aktionskalender: Legen Sie einen realistischen Zeitplan für die Umsetzung jeder Strategie fest. Teilen Sie die Aufgaben in kleinere Schritte auf und setzen Sie Fristen.

Übung 3: Effektive Kommunikation üben

Ziel: Verbessern Sie Ihre Kommunikationsfähigkeiten.

Aktives Zuhören: Üben Sie aktives Zuhören in einem Gespräch. Stellen Sie Folgefragen, wiederholen Sie, was gesagt wurde, um das Verständnis zu bestätigen, und vermeiden Sie Unterbrechungen.

Nonverbale Kommunikation: Nehmen Sie eine kurze Rede oder Präsentation auf. Achten Sie auf Ihre Körpersprache, Gesichtsausdrücke und Gesten. Identifizieren Sie Bereiche, die angepasst werden müssen.

Konstruktives Feedback: Holen Sie Feedback von einem Kollegen oder Mentor zu Ihrer Kommunikation ein. Heben Sie Stärken und Bereiche hervor, die verbessert werden können.

Übung 4: Soft Skills am Arbeitsplatz experimentieren

Ziel: Integrieren Sie Soft Skills in die berufliche Umgebung.

Zusammenarbeit: Schlagen Sie vor, ein Teamprojekt zu leiten oder aktiv daran teilzunehmen. Beobachten Sie, wie Ihre Zusammenarbeit zum Erfolg des Teams beiträgt.

Konfliktlösung: Identifizieren Sie einen Konflikt oder ein Problem am Arbeitsplatz und gehen Sie es mit Empathie und konstruktiven Lösungen an.

Positives Feedback: Geben Sie einem Kollegen positives Feedback für hervorragende Arbeit. Beobachten Sie, wie dies die Atmosphäre am Arbeitsplatz beeinflusst.

Bei der Durchführung dieser Übungen sollten Sie die Strategien an Ihre spezifischen Bedürfnisse anpassen. Ziel ist es, theoretische Erkenntnisse in konkrete Handlungen umzusetzen, Ihr Wachstum voranzutreiben und zu einem ausgeglicheneren und erfolgreicheren Leben und Karriere beizutragen.

Praktische Anwendungen

Während wir den Teil III dieses Compendiums abschließen, tauchen wir gemeinsam in das Gebiet der praktischen Anwendungen ein, wo Theorie und Handlung miteinander verwoben werden, um eine Sinfonie des Fortschritts und der Erfüllung zu schaffen. Auf diesen Seiten haben wir grundlegende Strategien, inspirierende Beispiele und interaktive Übungen erkundet, die alle darauf ausgelegt sind, Sie zu befähigen, Wissen in greifbare Ergebnisse umzusetzen.

Jedes Konzept, vom Fähigkeits-Mapping bis zur Praxis von Soft Skills am Arbeitsplatz, wurde entwickelt, um die persönliche und berufliche Entwicklung zu katalysieren. Dies sind nicht nur Lehren; sie sind Einladungen zur Handlung, zur mutigen Anwendung dessen, was auf Ihren eigenen Wegen gelernt wurde.

Denken Sie daran, dass kontinuierliches Lernen eine endlose Reise ist und die hier vorgeschlagenen praktischen Anwendungen nur der Anfang sind. Ihr Wachstumspotential ist unbegrenzt, und jeder Schritt, den Sie in Richtung Anwendung dieser Lektionen machen, ist eine Investition in eine stärkere und bedeutungsvollere Zukunft.

Während Sie voranschreiten, Herausforderungen meistern und Erfolge feiern, tragen Sie die Gewissheit mit sich, dass praktisches Lernen ein virtuoser Zyklus ist. Jede Anwendung informiert den nächsten Schritt, jede Herausforderung bietet eine Lerngelegenheit und jeder Erfolg ist ein Zeugnis Ihrer Resilienz und Hingabe.

Ich danke Ihnen, dass Sie sich auf diese Reise der praktischen Anwendung begeben haben. Möge jede Strategie, jede Erfolgsgeschichte und jede interaktive Übung zu einer einzigartigen Erzählung beitragen: Ihrer eigenen. Setzen Sie Ihre Erkundungen, Experimente und Weiterentwicklungen fort, denn die wahre Magie geschieht, wenn Wissen auf Handlung trifft.

Vorwärts, mit Entschlossenheit und Begeisterung, zu einer Zukunft voller Erfüllungen und kontinuierlichen Wachstums. Das Abenteuer geht weiter, und die praktischen Anwendungen sind der Kompass, der Ihren Weg weist. Bis zur nächsten Etappe Ihrer Reise!

Jenseits des Buches

Die Fähigkeiten im Alltag umsetzen

Wahre Transformation findet nicht nur auf den Seiten eines Buches statt, sondern in den täglichen Entscheidungen, die unseren Weg prägen. Beim Erkunden der in diesem Compendium vorgestellten Fähigkeiten ist es entscheidend, sie nicht nur theoretisch zu verstehen, sondern auch aktiv in den Alltag zu integrieren. Hier sind praktische Strategien, um Sie bei der Umsetzung dieser Fähigkeiten in Ihrem täglichen Leben zu unterstützen:

Morgendliches Reflexionsritual:

Richten Sie jeden Morgen eine Zeit ein, um über die Fähigkeiten nachzudenken, die Sie entwickeln möchten. Setzen Sie klare Absichten für den Tag und identifizieren Sie spezifische Bereiche, in denen Sie die gelernten Lektionen anwenden können.

Wöchentlicher Aktionsplan:

Widmen Sie zu Beginn jeder Woche Zeit für die Erstellung eines Aktionsplans. Identifizieren Sie Situationen oder Interaktionen, in denen Sie effektive Kommunikation, Empathie oder Problemlösung üben können. Setzen Sie erreichbare und messbare Ziele.

Führen Sie ein Entwicklungstagebuch:

Dokumentieren Sie Ihre Erfahrungen bei der Anwendung der Fähigkeiten. Notieren Sie herausfordernde Situationen, Erfolge und Lernfortschritte. Dies festigt nicht nur das Lernen, sondern bietet auch kontinuierliche Einblicke in Ihr Wachstum.

Bewusstes Networking:

Wenden Sie soziale und kommunikative Fähigkeiten bei der Interaktion mit Kollegen, Freunden oder sogar Unbekannten an. Hören Sie aufmerksam zu, üben Sie Empathie und seien Sie offen für Feedback. Jede Interaktion ist eine Gelegenheit, Ihre zwischenmenschlichen Fähigkeiten zu verbessern.

Monatliche Herausforderungen:

Setzen Sie sich monatliche Herausforderungen, die mit der Entwicklung der gewünschten Fähigkeiten übereinstimmen. Dies kann so einfach sein wie konstruktives Feedback an einen Kollegen zu geben oder Geduld in herausfordernden Situationen zu üben.

Lernkreis:

Gründen Sie einen Lernkreis mit Kollegen oder Freunden, die an persönlicher Entwicklung interessiert sind. Führen Sie regelmäßige Diskussionen, teilen Sie Herausforderungen und bieten Sie gegenseitige Unterstützung an. Die Vielfalt der Perspektiven wird Ihr Verständnis und die Anwendung der Fähigkeiten bereichern.

Wöchentliche Zielüberprüfungen:

Überprüfen Sie wöchentlich Ihre Ziele und passen Sie diese bei Bedarf an. Anpassungsfähigkeit ist entscheidend für kontinuierliches Wachstum. Feiern Sie Fortschritte und Lerngewinne, auch die kleinen.

Tägliche Meditation:

Integrieren Sie Achtsamkeits- und Meditationspraktiken in Ihre tägliche Routine. Diese Aktivitäten fördern emotionale Intelligenz, Selbstkenntnis und Resilienz. Nehmen Sie sich täglich einige Minuten Zeit, um präsent zu sein und über Ihre Emotionen nachzudenken.

Denken Sie daran, dass die Umsetzung der Fähigkeiten ein kontinuierlicher Prozess ist. Seien Sie geduldig mit sich selbst und feiern Sie jeden Schritt in Richtung Wachstum. Indem Sie diese Strategien in Ihren Alltag integrieren, lernen Sie nicht nur über die Fähigkeiten, sondern leben sie vor allem, und verwandeln Wissen in praktische Weisheit. Ihre Reise der Selbstentdeckung und -entwicklung liegt in den Entscheidungen, die Sie in jedem Moment treffen. Gehen Sie mit Vertrauen und Zielstrebigkeit voran, denn es ist die ständige Anwendung, die die Fähigkeiten zu einem integralen Bestandteil Ihrer Persönlichkeit macht.

Abschluss

SKILLS 360 - Band I

Beim Abschluss dieser Reise durch die Seiten von "SKILLS 360 Band 1: Beherrschen Sie die wesentlichen Fähigkeiten für ein erfolgreiches Leben und eine erfolgreiche Karriere - " wird deutlich, dass wir reichhaltige Lern-, Reflexions- und Praxisbereiche erkundet haben. Jedes Kapitel war ein wesentliches Puzzlestück im Mosaik der persönlichen und beruflichen Entwicklung.

Von der Reflexion über grundlegende Fähigkeiten bis hin zum Eintauchen in die praktischen Anwendungen in der realen Welt haben Sie sich intensiv mit einem Prozess der Entdeckung, des Wachstums und der Transformation beschäftigt. Jede interaktive Übung, jede inspirierende Fallstudie und jede umreißte Strategie wurde entwickelt, um Sie nicht nur mit Wissen, sondern auch mit den notwendigen Werkzeugen auszustatten, um Ihr Leben und Ihre Karriere voranzutreiben.

Aber wie bei jeder großen Reise ist dieser Abschluss kein Endpunkt, sondern ein Ausgangspunkt. Während wir diesen ersten Band von "SKILLS 360" schließen, möchte ich Ihnen versichern, dass die Reise noch lange nicht zu Ende ist. Das nächste Kapitel, "SKILLS 360 - Band 2", erwartet Sie bereits und verspricht eine Fortsetzung der Erkundung von Fähigkeiten, Strategien und inspirierenden Geschichten.

Bereiten Sie sich darauf vor, Ihr Verständnis der wesentlichen Fähigkeiten weiter zu vertiefen, neue Herausforderungen zu meistern und bisher unerschlossene Wege zu entdecken. Dies ist nur der Beginn einer spannenden Reise, die über die Seiten hinausgeht und sich in Ihren täglichen Entscheidungen manifestiert.

Ich danke Ihnen, dass Sie bis hierher auf dieser Reise dabei waren, und lade Sie ein, weiter voranzuschreiten, denn "SKILLS 360 - Band 2" verspricht weitere Einblicke, mehr praktische Anwendungen und zusätzliche Möglichkeiten, die entscheidenden Fähigkeiten zu meistern, die ein erfolgreiches Leben und eine erfolgreiche Karriere prägen, insbesondere mit Blick auf die Zukunft und das, was sie zu bieten hat.

Möge jede zukünftige Seite eine Einladung sein, neue Horizonte zu erkunden und Ihre Fähigkeiten weiter zu verbessern, um noch höhere Ebenen zu erreichen. Bis dahin, mögen Sie auf Ihrer Reise weiterhin lernen, wachsen und stetige Erfolge erzielen.

Bis zum nächsten Band von "SKILLS 360"!

Anhang

Zusätzliche Ressourcen, Lesetipps und Praktische Werkzeuge

Dieser Anhang dient als Schatz zusätzlicher Ressourcen, um Ihre Reise der persönlichen und beruflichen Entwicklung zu erweitern. Hier finden Sie Lesetipps, Links zu praktischen Werkzeugen und Ressourcen, die die im "SKILLS 360: Band 1" behandelten Fähigkeiten ergänzen. Erkunden Sie diese Ressourcen, um Ihr Verständnis und Ihre Anwendung der wesentlichen Fähigkeiten weiter zu vertiefen.

Empfohlene Bücher:

"Emotionale Intelligenz" von Daniel Goleman: Ein Klassiker, der die Bedeutung der emotionalen Intelligenz für persönlichen und beruflichen Erfolg untersucht.

"Mindset: Die neue Psychologie des Erfolgs" von Carol S. Dweck: Bietet Einblicke in die Wachstumsmindset und deren Einfluss auf Lernen und Leistung.

"Wie man Freunde gewinnt und Menschen beeinflusst" von Dale Carnegie: Ein zeitloser Leitfaden zu sozialen Fähigkeiten und zwischenmenschlichen Beziehungen.

"Schnelles Denken, langsames Denken" von Daniel Kahneman: Eine tiefgehende Erkundung der Denkprozesse und Entscheidungsfindung.

"Zeitmanagement" von Brian Tracy: Praktische Strategien zur Optimierung Ihrer Zeit und Steigerung der Produktivität.

Online-Kurse:
Coursera: Bietet eine Vielzahl von Kursen zu effektiver Kommunikation, emotionaler Intelligenz und zwischenmenschlichen Fähigkeiten.

LinkedIn Learning: Plattform mit Kursen zu Führung, Konfliktlösung und spezifischer Fähigkeitenentwicklung.

edX: Entdecken Sie Kurse renommierter Universitäten zu Themen wie kritisches Denken und Zeitmanagement.

Praktische Werkzeuge:

Trello: Ein Aufgabenmanagement-Tool, das bei der Priorisierung und Organisation hilfreich sein kann.

Headspace: Eine Meditations-App, die bei der Praxis von Achtsamkeit unterstützen kann.

Grammarly: Ein nützliches Tool zur Verbesserung Ihrer schriftlichen Kommunikationsfähigkeiten.

TED Talks: Sehen Sie inspirierende Vorträge zu einer Vielzahl von Themen im Zusammenhang mit persönlicher und beruflicher Entwicklung.

Feedback-Tools: Werkzeuge wie 360-Grad-Feedback können hilfreich sein, um umfassende Bewertungen Ihrer Fähigkeiten zu erhalten.

Diese zusätzlichen Ressourcen sind nur der Anfang. Fahren Sie fort, zu erkunden, zu lernen und die wesentlichen Fähigkeiten anzuwenden, die Ihre Reise prägen. Denken Sie daran, dass Entwicklung ein kontinuierlicher Prozess ist, und jede Ressource, die Sie in Ihr Leben integrieren, trägt zu einem nachhaltigen Wachstum bei.

Mögen diese zusätzlichen Ressourcen als wertvolle Wegweiser auf Ihrer Reise der kontinuierlichen Entwicklung dienen. Viel Spaß beim Lesen, Lernen und praktischen Anwenden!

www.ingramcontent.com/pod-product-compliance
Lightning Source LLC
Chambersburg PA
CBHW052253220526
45471CB00001B/321